N° 1.

ENSEIGNEMENT MUTUEL.

MÉTHODE GRECQUE.

Tableau résumé de la première Déclinaison.

SINGULIER.

	Féminin.			*Masculin.*	
Nom.	η	α	α	ης	ας
Voc.	η	α	α	η ou α	α
Gén.	ης	ας	ης	ου	ου
Dat.	ῃ	ᾳ	ῃ	ῃ	ᾳ
Acc.	ην	αν	αν	ην	αν

PLURIEL.

	Féminin et Masculin.
Nom.	αι
Voc.	αι
Gén.	ῶν
Dat.	αις
Acc.	ας

DUEL.

	Masculin et Féminin.
Nom., Voc., Acc.	α
Gén., Dat.	αιν

NOMS A DÉCLINER SUR Κεφαλή. GÉN. ης.

1. Ἀγέλη, Troupeau.
Ἀγνωμοσύνη, Maladresse.
Ἀγχονη, Corde à pendre.
Ἀδελφή, Sœur.
Αἰσχυνη, Honte.
Ἀκοή, Ouïe.
Ἀκτή, Rivage.
Ἀκωκή, Pointe.
Ἀλκή, Force.
Ἀλογία, Défaut de raison.
2. Ἀναγχη, Nécessité.
Ἀξινη, Hache.
Ἀρετή, Vertu.
Ἀραχνη, Araignée.
Ἁρπαγη, Enlèvement.
Ἅρπη, Faucille.
Ἀστέροπή, Foudre.
Ἀστραπή, Éclair.
Αὐλή, Cour.
Ἀφορμή, Occasion.
3. Βάκχη, Bacchante.
Βαφή, Couleur.
Βλαβη, Dommage.
Βοή, Cri.

Βουλή, Volonté.
Βροντή, Tonnerre.
Βροχή, Pluie.
Γαλῆ, Belette.
Γαληνη, Sérénité.
Γῆ, Terre.
4. Γνώμη, Sentiment.
Γραμμή, Ligne.
Δαπανη, Dépense.
Δαφνη, Laurier.
Δειρή, Cou.
Διαβολή, Calomnie.
Διατριβή, Séjour, Retard.
Δικαιοσυνη, Justice.
Δικη, Procès.
Δυσμή, Coucher du soleil.
5. Εἰρηνη, Paix.
Ἐλατη, Sapin.
Ἐλεημοσύνη, Aumône.
Ἐμβολή, Choc, Action de jeter.
Ἑορτή, Fête.
Ἐπιγραφή, Épigraphe.
Ἐπιβουλή, Ruse.
Ἐπιστολή, Lettre.

Εὐνή, Lit.
Εὐχή, Vœu.
6. Ζωή, Vie.
Ἡδονή, Volupté.
Θερμη, Chaleur.
Θηκη, Coffre.
Ἰατρική, Médecine.
Καλύβη, Cabane.
Καμπή, Pli, Courbure.
Κασιγνήτη, Sœur.
Καταδίκη, Condamnation.
Κίχλη, Grive.
7. Κλίνη, Lit, Couche.
Κλοπή, Vol.
Κοιτή, Canal.
Κόμη, Chevelure.
Κόρη, Jeune fille.
Κορυφή, Sommet.
Κορώνη, Couronne.
Κρηνη, Fontaine.
Κρίθή, Orge.
Κώμη, Village.
8. Κωπη, Rame.
Λέοντῆ, Peau de lion.

Λήθη, Oubli.
Λίμνη, Lac.
Λογχη, Lance.
Λύμη, Perte.
Λύπη, Tristesse.
Μάχη, Combat.
Μεθη, Ivresse.
Μεταβολή, Changement.
9. Μηχανή, Machine.
Μνημη, Mémoire.
Μορφή, Forme, Beauté.
Μουσική, Musique.
Μυρίνη, Myrte.
Νέφηλη, Nuage.
Νική, Victoire.
Νομή, Pâturage.
Νύμφη, Nymphe.
Ξένη, Hôtesse.
10. Ὀδύνη, Douleur.
Οἰμωγή, Gémissement.
Ὀργή, Colère.
Ὁρμή, Départ.
Ὀσμή, Odeur.
Ὄχθη, Rivage.

Πάγη, Lacet.
Παλαιστή, Palme.
Παραφυλακή, Précaution.
Πεδη, Chaine.
11. Πηγή, Source.
Πίμελή, Graisse.
Πλανη, Course vagabonde.
Πληγή, Coup.
Ποινή, Peine.
Πομπή, Pompe, Cortége.
Προσβολή, Choc, Irruption.
Πυλη, Porte.
Ρωμη, Force.
Ῥίνη, Lime.
12. Σαργανη, Corbeille, Panier.
Σίγή, Silence.
Σπονδή, Libation.
Στολή, Habillement.
Σύκῆ, Figuier.
Τεχνη, Art, Industrie.
Τιμή, Honneur.
Τροφή, Nourriture.
Τύχη, Bonheur.
Ὑπερβολή, Excès.

NOMS A DÉCLINER SUR Ἡμερα. GÉN. ας.

13. Ἀγγελία, Nouvelle.
Ἄγκύρα, Ancre.
Ἀγορὰ, Marché.
Ἄγρα, Capture.
Ἀγχίνοια, Finesse.
Ἀδικία, Injustice.
Ἀθανασία, Immortalité.
Αἰτία, Cause.
Ἄκρα, Sommet.
Ἀλήθεια, Vérité.
14. Ἀναίδεια, Impudence.
Ἀνδρεία, Bravoure.
Ἀξία, Mérite.
Ἀντιλογία, Contradiction.
Ἀπορία, Indigence.
Ἀπόπειρα, Expérience.
Ἀσφάλεια, Sûreté.
Ἀτυχια, Malheur.
Αὔρα, Air.
Ἀφέλεια, Simplicité.
15. Βακτηρία, Bâton.
Βασιλεία, Royauté.
Βία, Force.
Βορᾶ, Fourrage.
Γαῖα, Terre.

Γεωργία, Agriculture.
Γραῖα, Vieille femme.
Γλωσσαλγία, Démangeaison de parler.
Δαψίλεια, Abondance.
Δείλια, Timidité.
16. Δεξιά, Main droite.
Δορά, Peau.
Δουλεία, Esclavage.
Δυσμένεια, Malveillance.
Εγκράτεια, Modération.
Ἐλαία, Olivier.
Ἐλευθηρία, Liberté.
Ευδία, Temps calme.
Εὔνοια, Pensée.
Επιθυμία, Envie.
17. Επιμέλεια, Soin.
Εργασία, Travail.
Ερημία, Solitude.
Εταιρεία, Société.
Εσπέρα, Soir.
Εὐδαιμονία, Bonheur.
Εὐδοκία, Bienveillance.
Εὐθηνία, Fertilité.

Εὐκαιρία, Occasion favorable.
Ευκλεία, Gloire.
18. Ευκολια, Humeur.
Εὐσέβεια, Piété.
Εὐστοχία, Adresse.
Εὐωχία, Festin.
Ἔχθρα, Haine.
Ζημια, Perte.
Ζωογόνια, Production.
Ἡρεμία, Douceur.
Ἡνια, Bride.
Ἡσυχία, Repos.
19. Θέα, Action.
Θέραπεία, Soin.
Θήρα, Chasse.
Θύρα, Porte.
Θυσία, Sacrifice.
Ἱερεία, Prêtresse.
Ἱππομαχία, Combat à cheval.
Κάθεδρα, Siège.
Κακία, Méchanceté.
Κακολογία, Médisance.
20. Κάρα, Tête.
Κιθάρα, Harpe.

Κλισία, Tente.
Κληρονομία, Héritage.
Κυνηγία, Chasse.
Λειτουργία, Charge.
Λοχεία, Enfantement.
Λύρα, Lyre.
Λύσσα, Rage.
Λυχνία, Chandelier.
21. Μανία, Folie.
Μαρτυρία, Témoignage.
Μάχαιρα, Épée.
Μελαγχολία, Mélancolie.
Μελωδια, Mélodie.
Μοίρα, Part, Sort.
Μυῖα, Mouche.
Μωρία, Folie.
Ναυμαχία, Combat naval.
Οἰκεία, Patrie.
22. Ὀπώρα, Automne.
Οὐρα, Queue.
Ουσία, Bien.
Παιδεία, Éducation.
Πανουργία, Fraude.
Παράνοια, Démence.

Παρουσία, Arrivée.
Παῤῥησία, Franchise.
Πενία, Pauvreté.
Περιστερά, Colombe.
23. Πέτρα, Pierre.
Πήρα, Besace.
Πλευρά, Côté.
Προδοσία, Trahison.
Προσδοκία, Espoir.
Πύρα, Bûcher.
Ραθύμία, Négligence.
Σημασία, Signal.
Σκία, Ombre.
Σοφία, Sagesse.
24. Συμμαχία, Alliance.
Συνήθεια, Coutume.
Τράπεζα, Table.
Ὑποψία, Soupçon.
Φιλία, Amitié.
Φιλονεικία, Querelle.
Χρόα, Couleur.
Χώρα, Pays.
Ὥρα, Saison.
Ὠφέλεια, Utilité.

Imp. E. Dézairs, à Blois.

N° 2.

ENSEIGNEMENT MUTUEL.

MÉTHODE GRECQUE.

Tableau résumé de la première Déclinaison.

SINGULIER.					
	Féminin.			*Masculin.*	
Nom.	η	α	α	ης	ας
Voc.	η	α	α	η ou α	α
Gén.	ης	ας	ης	ου	ου
Dat.	ῃ	ᾳ	ῃ	ῃ	ᾳ
Acc.	ην	αν	αν	ην	αν

PLURIEL.	
Feminin et Masculin.	
Nom.	αι
Voc.	αι
Gén.	ῶν
Dat.	αις
Acc.	ας

DUEL.	
Masculin et Féminin.	
Nom., Voc., Acc.	α
Gén., Dat.	αιν

NOMS A DÉCLINER SUR Κεφαλή. GÉN. ης.

25. Ἀγωγή, Genre de vie.
Ἀεθλοσυνή, Combat, Misère.
Ἄτη, Sécheresse.
Αἰκαλη, Tromperie, séduction.
Αἱματη, Épée.
Αἰχμή, Dard, Javelot.
Ἀλλαγή, Échange, Commerce.
Ἄλμη, Eau salée.
Ἀμυχή, Déchirure, Écorchure.
Ἀπάτη, Stratagème.
26. Βαίτη, Habit fait de peau.
Βακη, Pont.
Βασιλική, Maison royale.
Βελόνη, Aiguille.
Βροχή, Pluie.
Βρώμη, Aliment.
Γαμετή, Épouse.
Γενεή, Race, Famille.

Γραφή, Écriture.
Γρώνη, Caverne.
27. Γυνή, Femme.
Γυπή, Nid de vautour.
Δείλη, Soir.
Διαδοχή, Succession.
Διαθήκη, Testament.
Διαλλαγή, Conciliation.
Διαμονή, Persévérance.
Διαταγή, Ordre, Arrangement.
Δόκη, Opinion.
Ἑκατόμβη, Hécatombe.
28. Ἐμπολή, Emplette.
Ἐντολή, Commandement.
Ἐντομή, Incision.
Ἐπισκοπή, Charge, Fonction.
Ζώνη, Ceinture.
Ἠλακάτη, Quenouille, Fuseau.

Θοίνη, Festin, Souper.
Θωή, Amende, Peine.
Ἴλη, Escadron.
Ἰωή, Voix, Cri.
29. Κατασκευή, Construction.
Καταστροφή, Catastrophe.
Κόρρη, Cheveux, Tête.
Κοτύλη, Bassin.
Λεκάνη, Plat.
Λώπη, Vêtement léger.
Μαλάχη, Mauve (plante).
Μαντική, Art de prédire.
Νάρκη, Engourdissement.
Ξυλοθήκη, Bûcher.
30. Ὀμίχλη, Nuage.
Ὀπή, Ouverture.
Πέλτη, Petit bouclier.
Περιβολή, Embrassement.

Πεύκη, Poix-Résine.
Ποίη, Herbe, Gazon.
Πολυκοιρανίη, Polyarchie.
Πρύμνη, Poupe.
Ῥιπή, Mouvement impétueux.
Σιωπή, Silence.
31. Σκευή, Habillement.
Σκηνή, Tente.
Σκοπή, Lieu élevé.
Σπουδή, Application.
Σταφυλή, Raisin.
Στέγη, Toit.
Στήλη, Colonne.
Στοργή, Affection, Amour.
Σχολή, Loisir, Repos.
Ταφή, Tombeau.
32. Τελευτή, Fin, Mort.

Τιθήνη, Nourrice.
Τροπή, Action de tourner.
Τρυφή, Luxe.
Ὕλη, Bois.
Ὑποστροφή, Retour.
Φήμη, Renommée.
Φιάλη, Coupe, Bouteille.
Φυγή, Fuite, Exil.
Φυλακή, Garde.
33. Χελώνη, Tortue.
Χηλή, Ongle, Pince.
Χορδή, Corde.
Ψιττάκη, Perroquet.
Ψυχή, Ame.
Ὠγή, Haie, Clôture.
Ὠδή, Ode, Chant.
Ὠρυγή, Hurlement.

NOMS A DÉCLINER SUR Ἡμέρα. GÉN. ας.

Ἄγνοια, Ignorance.
Ἀγροικία, Vie champêtre.
34. Ἀηδία, Déplaisir.
Ἀκαρπία, Stérilité.
Ἀκέστρα, Aiguille à coudre.
Ἀκρασία, Intempérance.
Ἀμβροσία, Ambroisie.
Ἀναισχυντία, Impudence.
Ἀνοδία, Chemin impraticable.
Ἀντιλογία, Contradiction.
Ἀπολογία, Dépense.
Ἀποικία, Colonie.
35. Ἀπόπειρα, Expérience.
Ἀρα, Imprécation, Vœu.

Ἀσέβεια, Irréligion.
Ἀσθένεια, Faiblesse.
Ἀσυνεσία, Sottise.
Ἀτοπία, Absurdité.
Ἀφθονία, Abondance.
Ἀφορία, Stérilité.
Βραδεῖα, Lenteur.
Γεωλοφία, Colline.
36. Γωνία, Angle.
Δεισιδαιμονία, Superstition.
Δέσποινα, Maîtresse.
Διακονία, Service.
Διαφορά, Différence.
Δυναστεία, Dynastie.

Δυσειδεία, Difformité.
Εἰρεσία, Action de ramer.
Ἐκκλεσία, Assemblée.
Ἐκφορα, Enterrement.
37. Ἐμπορία, Commerce.
Ἐξοπλισία, Exercice militaire.
Ἐξουσία, Pouvoir.
Ἐπαυλία, Cabane.
Ἐπιμιξία, Mélange.
Ἐπομβρία, Pluie.
Ἑσπερά, Le soir.
Εὐγένεια, Naissance illustre.
Εὐεργεσια, Bienfaisance.
Εὐετηρία, Récolte abondante.

38. Εὐθεία, Ligne droite.
Εὐκρασια, Heureuse température.
Εὐπορία, Richesse.
Εὐτέλεια, Économie.
Εὐτυχία, Bonheur.
Εὐωδία, Bonne odeur.
Ζειρά, Manteau.
Ἡλικία, Fleur de l'âge.
Θεωρια, Contemplation.
Ἰδέα, Forme, Idée.
39. Ἰσηγορία, Égalité.
Κακοδαιμονία, Adversité.
Κακοπαθεία, Souffrance.

Κακουργία, Méchanceté.
Καρδιά, Cœur.
Κατοικία, Habitation.
Κενοδοξία, Gloriole.
Κιθαρῳδία, Art de chanter.
Κινάβρα, Puanteur.
Κολακεία, Flatterie.
40. Κοπρία, Tas de fumier.
Λατομία, Carrière.
Λιτοβολία, Action de lapider.
Μαντεία, Prédiction.
Μεγαλοφωνία, Voix forte.
Μεταλλεία, Travail, Fouille.

EXERCICES SUR LES NOMS DE LA PREMIÈRE DÉCLINAISON (1).

De la course vagabonde. A la simplicité de la vieille femme. De la couronne de la jeune fille. La démangeaison de parler de l'épouse. *Acc.* L'occasion favorable. A l'expérience du combat naval. De la main droite. La bonne odeur du myrte. *Acc.* La timidité de la prêtresse. Du signal du combat à cheval. De la pointe de l'épée. Le genre de vie de la maison royale. A la queue de la comète. De la fertilité du pays. Le repos du troupeau. Le fuseau de la nourrice. Le bonheur de la vie champêtre. Au nid de vautour. La pointe de l'aiguille à coudre. Les imprécations de la maîtresse de la maison. De la puanteur du tas de fumier. Les absurdités de l'irréligion. Les biens de la famille. Les exercices militaires. *Acc.* Les escadrons de cavalerie. A l'art de chanter. Des stratagèmes des combats. A la mélancolie. Aux cris du perroquet. Du sommet de la cabane. *Acc.* Les richesses de la marâtre. De la pluie du du soir. *Acc.* Les souffrances de l'esclavage. Du nid de la grive. Les plis du vêtement léger. Le pouvoir du gouvernement. De la négligence de la pauvreté. A l'héritage. De l'éducation. *Acc.* Les calomnies. La peau de la belette. Les ruses de l'araignée. Les aliments de la famille. A la beauté des nymphes. De la malice du cœur. *Acc.* La conciliation des opinions. De la lenteur du combat. Le chant de la victoire. Au silence de la nourrice. La mort de la tortue. Des cris des bacchantes. De l'oubli de l'adversité. A la mélodie de la harpe. De l'honneur du combat. A l'ivresse. De l'utilité de l'éducation. *Acc.* La lettre de la sœur.

(1) On joint l'article à ces noms. (Voir Burnouf, §. 14.)

Imp. E. Dézairs, à Blois.

N° 3.

ENSEIGNEMENT MUTUEL.

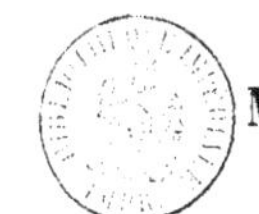

MÉTHODE GRECQUE.

Tableau résumé de la première Déclinaison.

SINGULIER.

	Féminin.			*Masculin.*	
Nom.	η	α	α	ης	ας
Voc.	η	α	α	η ou α	α
Gén.	ης	ας	ης	ου	ου
Dat.	ῃ	ᾳ	ῃ	ῃ	ᾳ
Acc.	ην	αν	αν	ην	αν

PLURIEL.

Feminin et Masculin.

Nom.	αι
Voc.	αι
Gén.	ῶν
Dat.	αις
Acc.	ας

DUEL.

Masculin et Féminin.

Nom. Voc. Acc.	α
Gén. Dat.	αιν

Noms a décliner sur Ἡμέρα. Gén. ας.

Μητρυιά, Marâtre.
Μικρολογία, Minutie.
Μίτρα, Mitre, Bandeau.
Μνᾶ, Mine.
41. Μοχθηρία, Malice.
Μονομαχία, Combat singulier.
Νεοττεία, Couvée, Nid.
Νευρά, Corde.
Ὁδοιπορία, Voyage.
Οἰκονομία, Economie.
Παιδία, Jeu, Enfance.
Παλαίστρα, Lutte, Palestre.
Πανοπλία, Armure complète.
Παραλία, Côtes de la mer.
42. Παραμυθία, Consolation.
Παρειά, Joue.
Παροιμία, Parabole.
Πεῖρα, Entreprise.
Περιουσία, Superflu.
Περπερία, Témérité.
Πλεονεξία, Avarice.
Ποδώκεια, Légèreté des pieds.
Ποικιλία, Variété.
Πολιτεία, Gouvernement.
43. Πολυμαθία, Grande érudition.
Πολυσαρκία, Corpulence.
Πολυτέλεια, Somptuosité.
Πονηρία, Méchanceté.
Πορεία, Chemin.
Πορφύρα, Pourpre.
Προεδρία, Prérogative.
Προθεραπεία, Précaution oratoire.
Προθυμία, Ardeur.
Προμήθεια, Prévoyance.
44. Πρόνοια, Prudence.
Προσηγορία, Allocution.
Προσωνυμία, Surnom.
Πρῷρα, Proue.
Πτελέα, Orme (Arbre).
Ῥαψῳδία, Rapsodie.
Ῥυμοτομία, Division en rues.
Ῥυπαρία, Malpropreté.
Σειρά, Lieu, Chaine.
Σιτοδεία, Disette.
45. Στρατεία, Expédition militaire.
Συγγένεια, Parenté.
Συζυγία, Mariage.
Συνουσία, Société.
Τιμωρία, Peine.
Τραγῳδία, Tragédie.
Ὕδρα, Hydre.
Ὑπεροψία, Mépris.
Φθορά, Corruption.
Φιλαργυρία, Avarice.
46. Φιλεργία, Activité.
Φυτεία, Plantation.
Φιλοτιμία, Ambition.
Χειροτονία, Élection.
Χειρουργία, Chirurgie.
Χήρα, Veuve.
Χρεία, Pauvreté.

Noms a décliner sur Δόξα. Gén. ης.

Ἄκανθα, Épine.
Ἅμαξα, Char.
Ἅμιλλα, Combat.
47. Ἄμυνα, Défense.
Βαίτα, Peau.
Βδέλλα, Sangsue.
Γλῶσσα, Langue.
Δίαιτα, Diète.
Δίκελλα, Hoyau.
Δίψα, Soif.
Ἔχιδνα, Vipère.
Θάλασσα, Mer.
Θεράπαινα, Servante.
48. Κάμψα, Cassette, Coffre.
Κένδυλα, Grande hache.
Κίσσα, Pie.
Κόλλα, Colle.
Λέαινα, Lionne.
Μᾶζα, Galette,
Μάμμα, Grand'mère.
Μέλισσα, Abeille.
Μώλυζα, Tête d'ail.
Ὄσσα, Voix, Renommée.
49. Πάλλα, Balle.
Παῦλα, Repos, Cessation.
Πίσσα, Poix.
Πυράκανθα, Buisson-ardent.
Ῥίζα, Racine.
Τρίαινα, Trident.
Τόλμα, Audace.
Χάλαζα, Grêle.

Noms masculins a décliner sur Ποιητής. Gén. ου.

Ἀγύρτης, Crieur public.
Ἅδης, Enfer.
50. Ἀθλητής, Athlète.
Αὐλητής, Joueur de flûte.
Βυρσοδέψης, Corroyeur.
Δανειστής, Usurier.
Δεσπότης, Maitre.
Δημότης, Citoyen.
Διαιτητής, Juge, Arbitre.
Δραπέτης, Esclave fugitif.
Δυναστής, Souverain.
Εἰσηγητής, Inventeur.
51. Ἐλεφαντιστής, Conducteur d'éléphants.
Ἐπεμβάτης, Cavalier.
Ἐπιμελητής, Intendant.
Ἐπιβάτης, Passager.
Ἐπιστάτης, Chef.
Ἐρανιστής, Commensal.
Ἐραστής, Amant.
Ἐρέτης, Rameur.
Ἐργάτης, Ouvrier.
Εὐεργέτης, Bienfaiteur.
52. Εὐπατρίδης, Un noble.
Θεατής, Spectateur.
Θηρατής, Chasseur.
Ἰδιώτης, Un particulier.
Ἱκέτης, Suppliant.
Ἱππότης, Cavalier.
Κεραμοδότης, Vase de terre.
Κυνώπης, Un impudent.
Μονώτης, Solitaire.
Ναύτης, Matelot.
53. Νησιώτης, Insulaire.
Νομοθέτης, Législateur.
Ὀαριστής, Compagnon.
Ὁδίτης, Voyageur.
Οἰκητής, Habitant.
Οἰκέτης, Esclave.
Οἰωνιστής, Aruspice.
Ὁμιλητής, Camarade.
Παλαίστης, Lutteur.
Παραβάτης, Violateur.
54. Παροδίτης, Voyageur.
Πλάστης, Statuaire.
Προδότης, Traitre.
Προστάτης, Défenseur.
Πρεσβύτης, Député.
Προφήτης, Devin.
Πρωθήβης, Adolescent.
Σαλπιγκτής, Un trompette.
Σατράπης, Satrape.
Σοφιστής, Sophiste.
55. Στρατιώτης, Soldat.
Συστρατιώτης, Compagnon d'armes.
Συμπότης, Convive.
Τένθης, Gourmand.
Τοξότης, Archer.
Ὑβριστής, Insolent.
Ὑπασπιστής, Satellite.
Ὑπηρέτης, Serviteur.

Noms masculins a décliner sur Νεανίας. Gén. ου.

Ἀρχέτας, Fondateur.
Βορέας, Vent du Nord.
56. Μονίας, Solitaire.
Ταμίας, Questeur.
Τυμπανίας, Hydropique.

EXERCICES SUR LES NOMS DE LA PREMIÈRE DÉCLINAISON.

Acc. Le spectateur. Des traitres. Aux satellites. Du comédien. Le bonheur de l'ouvrier. A la simplicité de la vieille femme. *Acc.* La piété de la prêtresse. De la condamnation du brigand. *Acc.* Le cou de la belette. L'expérience du juge. A la nourriture du joueur de flûte. Du départ du pilote. De la fertilité du pays. *Acc.* La rage de l'esclave. La longue pique du cavalier. A la pauvreté du solitaire. De l'adresse de l'athlète. A la démangeaison de parler du convive. *Acc.* Les biens de l'époux. Le signal de l'insolent. A la queue de la comète. De l'héritage du laboureur. *Acc.* L'épigraphe de l'inventeur. De la franchise du défenseur. Au silence du bienfaiteur. La douleur de la servante. A la ruse du devin. La fertilité de la terre. A la bravoure du citoyen. Du festin du gourmand. *Acc.* La colère du questeur. La perte del'occasion favorable. A la méchanceté du disciple. Du manteau du statuaire. *Acc.* La cabane du solitaire. Les absurdités du sophiste. De l'intempérance des soldats. Au silence des députés.

Imp. E. Dézairs, à Blois.

N° 4.

ENSEIGNEMENT MUTUEL.

MÉTHODE GRECQUE.

Tableau résumé de la deuxième Déclinaison.

SINGULIER.			PLURIEL.			DUEL.	
	Masculin et Féminin.	*Neutre.*		*Masculin et Féminin.*	*Neutre.*	*Pour les trois Genres.*	
Nom.	ος	ον	Nom.	οι	α	Nom. Voc. Acc.	ω
Voc.	ε	ον	Voc.	οι	α	Gén. Dat.	οιν (1)
Gén.	ου	ου	Gén.	ων	ων		
Dat.	ῳ	ῳ	Dat.	οις	οις		
Acc.	ον	ον	Acc.	ους	α		

NOMS MASCULINS A DÉCLINER SUR Λόγος. GÉN. ου.

56. Ἄγγελος, Messager.
Ἀγρὸς, Champ.
Ἀδελφιδέος, Neveu.
Ἀδελφός, Frère.
Ἀετός, Aigle.
Ἆθλος, Combat.
Αἰγιαλὸς, Rivage de la mer.
Αἴλουρος, Chat.
Αἰπόλος, Chevrier.
Ἀμνός, Agneau.
57. Ἄνεμος, Vent.
Ἀνεψιὸς, Cousin.
Ἄνθρωπος, Homme.
Ἄργυρός, Argent.
Ἀριθμὸς, Nombre.
Ἄρκευθος, Génièvre.
Ἄρκτος, Ours.
Ἄροτος, Labour.
Ἄρτος, Pain.
Ἀρχηγός, Fondateur.
58. Αὐλὸς, Flûte.
Αὐχμὸς, Sécheresse.
Ἀφρός, Écume.
Βαρβαρισμὸς, Barbarisme.
Βάρβαρος, Un barbare.
Βέκος, Pain.
Βίος, Vie.
Βίοτος, Bien, Fortune.
Βοηθός, Appui.
Βόθρος, Trou.
59. Βόλος, Coup de filet.
Βόστρυχος, Boucle de cheveux.
Βουκόλος, Bouvier.
Βροτός, Mortel.
Βρόχος, Lien, Corde.
Βρυχηθμὸς, Mugissement.
Βυθὸς, Fond de l'eau.
Βῶλος, Motte.
Βωμὸς, Autel.
Γάμος, Noce, Mariage.
60. Γαστρίμαργος, Glouton.
Γαυλὸς, Seau.
Γέρανος, Grue.
Γεωργὸς, Cultivateur.
Γεώρυχος, Agriculteur.
Γνάθος, Mâchoire.
Γῶνος, Coin, Angle.
Δακτύλιος, Anneau.
Δάκτυλος, Doigt.
Δασμολόγος, Percepteur.
61. Δασμὸς, Tribut.
Διαλόγος, Dialogue.
Διάκονος, Serviteur.
Διάλεκτος, Dialecte.
Διδάσκαλος, Maître.
Διέξοδος, Passage.
Δίσκος, Disque.
Διωγμὸς, Persécution.
Δόλος, Ruse.
Δόμος, Maison.
62. Δρόμος, Course.
Δρυμος, Forêt.
Ἔγγονος, Descendant.
Ἐγκέφαλος, Cerveau.
Ἔλαφος, Cerf.
Ἔλεγχος, Preuve.
Ἔλεος, Compassion.
Ἐλλέβορος, Ellébore.
Ἔλυμος, Grain de mil.
Ἔμπορος, Marchand.
63. Ἐνιαυτὸς, Année.
Ἔπαινος, Louange.
Ἐρετμὸς, Rameur.
Ἔριφος, Chevreau.
Ἕσπερος, Soir.
Ἑταῖρος, Ami, Compagnon.
Ἔφηβος, Adolescent.
Ἔφορος, Inspecteur.
Ἐχίνος, Hérisson.
Ἐχθρὸς, Ennemi.
64. Ζέφυρος, Le zéphir.
Ζωγράφος, Peintre.
Ἥλίος, Soleil, Jour.
Ἧλος, Clou.
Ἡμίονος, Mulet.
Ἡνίοχος, Conducteur.
Ἤπειρος, Continent.
Θάλαμος, Appartement.
Θάλλος, Rameau.
Θάμνος, Buisson.
65. Θάνατος, La mort.
Θεός, Dieu.
Θέρμος, Lupin.
Θησαυρὸς, Trésor.
Θόρυβος, Bruit, Tumulte.
Θρῆνος, Pleurs.
Θρόνος, Trône.
Θυμός, Courage.
Θυρεὸς, Bouclier long.
Θύρσος, Thyrse.
66. Θυρωρὸς, Portier.
Ἰατρὸς, Médecin.
Ἱματισμὸς, Vêtement.
Ἰξὸς, Glu.
Ἰὸς, Poison.
Ἱππόκομος, Écuyer.
Ἵππος, Cheval.
Ἰσθμὸς, Isthme.
Ἱστὸς, Mât de vaisseau.
Καιρὸς, Temps, Occasion.
67. Κάλαμος, Canne.
Κάματος, Peine, Travail.
Κάμηλος, Chameau.
Κάμινος, Cheminée, Fourneau.
Καπνὸς, Fumée.
Κάπρος, Sanglier.
Κάρος, Profond sommeil.
Καρπὸς, Fruit.
Κασσίτερος, Étain.
Κατάπλοος, Navigation.
68. Κατάσκοπος, Observateur.
Κατήγορος, Accusateur.
Κέγχρος, Millet.
Κέδρος, Cèdre.
Κέραμος, Terre à pot.
Κέρασος, Cerisier.
Κεραυνὸς, Foudre.
Κέρκος, Queue.
Κηρὸς, Cire.
Κῆπος, Jardin.
69. Κηπουρὸς, Jardinier.
Κιβωτὸς, Coffre.
Κιθαρῳδὸς, Joueur de harpe.
Κίνδυνος, Danger, Péril.
Κισσὸς, Κιττὸς, Lierre.
Κλάδος, Rameau.
Κληρονόμος, Héritier.
Κλῆρος, Sort.
Κοίρανος, Prince, Souverain.
Κολεὸς, Fourreau.
70. Κολοιὸς, Geai.
Κολοσσὸς, Colosse.
Κόλπος, Sein, Golfe.
Κολωνὸς, Colline.
Κόπρος, Fumier.
Κόσμος, Monde.
Κότινος, Olivier sauvage.
Κόψιχος, Merle.
Κρημνὸς, Précipice.
Κρίκος, Agrafe.
71. Κριὸς, Bélier.
Κροκόδειλος, Crocodile.
Κρόνος, Temps.
Κρότος, Bruit.
Κρύσταλλος, Crystal, Glace.
Κύκλος, Cercle.
Κύκνος, Cygne.
Κυνηγὸς, Chasseur.
Κύριος, Maître.
Κωκυτὸς, Lamentation.

EXERCICES SUR LES NOMS DE LA DEUXIÈME DÉCLINAISON.

Les rameaux du cerisier. Du sort des princes. Du fumier du jardinier. A la queue du chat. *Acc.* Les pleurs du bouvier. Du passage de l'observateur. Le courage des maîtres. De la mâchoire du cheval. Au profond sommeil du chameau. Les travaux du peintre. Des buissons de la forêt. Les louanges de l'héritier. *Acc.* Les précipices de la forêt. *Acc.* Les dangers de la navigation. De la mort du compagnon. Le dialogue du serviteur. La course des cerfs. Le disque du soleil. Du coin de l'autel. Le pain des hommes. *Acc.* Les fruits du jardin. *Acc.* Le péril de la persécution. Des boucles de cheveux du cousin. De la canne du joueur de harpe. Aux cheminées des maisons. Du fruit de l'olivier sauvage. *Acc.* Les lamentations du rameur. Du combat du sanglier. Les angles de la maison. Les ruses de l'ennemi. De la mort du fondateur. A la corde du mulet. *Acc.* L'agrafe du vêtement. *Acc.* L'anneau de l'accusateur. Le zéphir du soir.

(1) Les attiques changent ο en ω à tous les cas de cette déclinaison; dans les cas où il se rencontre un ι, ils le souscrivent; quand il se rencontre un ν ils le rejettent; ils font toujours le vocatif semblable au nominatif. Les trois cas semblables du pluriel neutre sont en ω au lieu d'être en α. (Voir Burnouf, § 18.)

Imp. E. Dézairs, à Blois.

N° 3.

ENSEIGNEMENT MUTUEL.

MÉTHODE GRECQUE.

Tableau résumé de la deuxième Déclinaison.

SINGULIER.			PLURIEL.			DUEL.	
	Masculin et Féminin.	*Neutre.*		*Masculin et Féminin.*	*Neutre.*	*Pour les trois Genres.*	
Nom.	ος	ον	Nom.	οι	α	Nom. Voc. Acc.	ω
Voc.	ε	ον	Voc.	οι	α	Gén. Dat.	οιν
Gén.	ου	ου	Gén.	ων	ων		
Dat.	ῳ	ῳ	Dat.	οις	οις		
Acc.	ον	ον	Acc.	ους	α		

Noms masculins a décliner sur Λόγος. Gén. ου.

72. Λαὸς, Peuple.
Λαιμὸς, Gosier.
Λαβύρινθος, Labyrinthe.
Ληνὸς, Pressoir.
Λῆρος, Niaiserie.
Λιβανωτὸς, Encens.
Λίθος, Pierre.
Λιμὸς, Faim.
Λογισμὸς, Raisonnement.
Λόγος, Parole.
73. Λοιμὸς, Peste.
Λόφος, Cime.
Λοχαγὸς, Officier.
Λόχος, Troupe de soldats.
Λύκος, Loup.
Λύχνος, Flambeau.
Λωτὸς, Lotos (arbre).
Μαζὸς, Mamelle.
Μάρμαρος, Marbre.
Μελλησμὸς, Délai, Lenteur.
74. Μειρακίσκος, Jeune enfant.
Μηρὸς, Cuisse.
Μισάνθρωπος, Misanthrope.
Μισθὸς, Salaire.
Μισθοφόρος, Mercenaire.
Μισθωτὸς, Journalier.
Μόλιβδος, Plomb.
Μόλος, Travail.
Μόσχος, Veau.
Μόχθος, Misère.
75. Μοχλὸς, Levier.
Μυγμὸς, Gémissement.
Μύδρος, Masse de fer.
Μυελὸς, Moelle, Cervelle.
Μῦθος, Discours, Fable.
Μῦρμος, Fourmi.
Μυχὸς, Angle.
Ναὸς, Temple.
Ναύκληρος, Patron.
Νεανίσκος, Jeune homme.
76. Νεβρὸς, Faon de biche.
Νεοσσὸς, Petit des oiseaux.
Νιφετὸς, Neige.
Νόμος, Loi.
Νόος, Raison.
Νόσος, Maladie.
Νότος, Vent du midi.
Νύμφιος, Nouveau marié.
Νῶτος, Dos.
Ξένος, Hôte, Étranger.
77. Ξεναγὸς, Guide des étrangers.
Ὀβολὸς, Obole.
Ὄγκος, Tumeur.
Οἰκονόμος, Intendant.
Οἶκος, Maison.
Οἰκτιρμὸς, Compassion.
Οἶκτος, Pitié.
Οἶνος, Vin.
Οἰνοχόος, Échanson.
Οἰστὸς, Flèche, Trait.
78. Ὄλβος, Félicité.
Ὄλεθρος, Perte, Ruine.
Ὅλμος, Mortier.
Ὀμφαλὸς, Nombril.
Ὄνειρος, Rêve.
Ὄνθος, Fumier.
Ὄνος, Ane.
Ὁπλισμὸς, Armure.
Ὄρθρος, Le point du jour.
Ὅρκος, Serment.
79. Ὁρμαθὸς, Ordre, Rang.
Ὅρμος, Collier.
Ὄροβος, Orobe (plante).
Ὀρόδαμνος, Rameau.
Ὅρος, Borne, Fin.
Ὄροφος, Toit.
Οὐρανὸς, Ciel.
Ὀφθαλμὸς, Œil.
Ὄχλος, Peuple.
Πάγος, Colline.
80. Παιδαγωγὸς, Maitre, Précepteur.
Παράσιτος, Convive.
Πάταγος, Bruit.
Πάσσαλος, Cheville, Pieu.
Πέπλος, Voile, Robe.
Περίβολος, Tour, Enceinte.
Περίμετρος, Périmètre, Contour.
Περίπατος, Promenade.
Πηλὸς, Boue.
Πίθηκος, Singe.
81. Πίθος, Tonneau.
Πλάτανος, Platane.
Πλεονασμὸς, Pléonasme.
Πλίνθος, Brique.
Πλόκαμος, Cheveux frisés.
Πλόος, Navigation.
Πλοῦτος, Richesse.
Πόθος, Penchant.
Πόλεμος, Guerre.
Πόνος, Travail, Peine.
82. Πορθμὸς, Détroit, Trajet.
Πόρος, Traversée.
Ποταμὸς, Fleuve.
Πότος, Boisson.
Πρόγονος, Aïeul.
Πυλουρὸς, Portier.
Πυρὸς, Froment.
Πῶρος, Affliction.
Ῥάβδος, Baguette.
Ῥόος, Le courant.
83. Ῥυθμὸς, Rhythme.
Σάτυρος, Satyre.
Σεβασμὸς, Vénération.
Σεισμὸς, Tremblement de terre.
Σηκὸς, Tombeau.
Σίδηρος, Épée.
Σῖτος, Blé.
Σκόπελος, Rocher.
Σκοπὸς, But.
Σκορπιὸς, Scorpion.
84. Σκότος, Obscurité.
Σκύμνος, Petit d'un animal.
Σορὸς, Cercueil, Bière.
Σπόγγος, Éponge.
Σποδὸς, Cendre.
Σπόρος, Semailles.
Σταθμὸς, Balance.
Σταυρὸς, Pieu, Croix.
Στεναγμὸς, Soupir.
Στέφανος, Couronne.
85. Στόλος, Flotte armée.
Στρατηγὸς, Général.
Στρατὸς, Armée.
Στρουθοκάμηλος, Autruche.
Στύλος, Style.
Σύγκλητος, Le sénat.
Σύμμαχος, Allié.
Σωρὸς, Monceau, Amas.
Σωφρονισμὸς, Leçon.
Τάριχος, Mets salés.
86. Ταρσὸς, Claie à fromage.
Ταῦρος, Taureau.
Τάφος, Tombe.
Τήγανος, Roche.
Τίτανος, Plâtre.
Τοῖχος, Mur.
Τόπος, Lieu.
Τράγος, Bouc.
Τραγῳδοποιὸς, Poète tragique.
Τραγῳδὸς, Poète.
87. Τράχηλος, Cou, Gosier.
Τροχὸς, Roue.
Τρόπος, Mœurs, Manières.
Τροφὸς, Nourrisson.
Τρόχιλος, Roitelet.
Τύπος, Marque, Signe.
Τύραννος, Tyran.
Τυρὸς, Fromage.
Τυφλὸς, Un aveugle.
Τύφος, Jactance.
88. Ὕαλος, Cristal.
Ὕβος, Bosse.
Ὕθλος, Babil.
Ὑετὸς, Pluie.
Υἱὸς, Fils.
Υἱωνὸς, Petit-fils.
Ὑμέναιος, Hyménée.
Ὕμνος, Hymne, Chant.
Ὕπαρχος, Lieutenant.
Ὕπερος, Pilon de mortier.

EXERCICES SUR LES NOMS DE LA DEUXIÈME DÉCLINAISON.

Du sable du fleuve. *Acc.* La crainte de l'officier. Des épaules du général. La bosse du chameau. De la colère de la sentinelle. Du signal du combat. Les préparatifs du banquet. *Acc.* Le dos de l'âne. Du cou du sanglier. Du plaisir de la chasse. La tête du pourceau. L'avarice du misanthrope. *Acc.* Les chants du poète. *Acc.* Les fleuves de la terre. Des richesses des convives. De la lenteur du taureau. *Acc.* Les exhortations des généraux. A l'éducation du petits-fils. Au sommeil du camarade. Les querelles des alliés. De la chaleur du jour. De la porte du ciel. Le sommet du temple. De la tristesse des étrangers. La solitude du désert. De la douleur des nymphes. *Acc.* Les périls de la traversée. Des armées du tyran. *Acc.* Les chants de la troupe de soldats. La couronne de l'épouse. Le raisonnement du sophiste. Les deux javelots de la sentinelle. La vaisselle d'or du banquier. De l'affliction de l'intendant. La bosse du petit-fils. Des pourceaux de l'agriculteur. Aux deux torrents impétueux. O crainte de la ruine. *Acc.* Les deux tremblements de terre. Le chant des deux roitelets. Les platanes de la promenade. Le courant du fleuve. O tombeau!

Imp. E. Dézairs, à Blois.

N° 6.

ENSEIGNEMENT MUTUEL.

MÉTHODE GRECQUE.

Tableau résumé de la deuxième Déclinaison.

SINGULIER.

	Masculin et Féminin.	*Neutre.*
Nom.	ος	ον
Voc.	ε	ον
Gén.	ου	ου
Dat.	ῳ	ῳ
Acc.	ον	ον

PLURIEL.

	Masculin et Féminin.	*Neutre.*
Nom.	οι	α
Voc.	οι	α
Gén.	ων	ων
Dat.	οις	οις
Acc.	ους	α

DUEL.

Pour les trois Genres.	
Nom. Voc. Acc.	ω
Gén. Dat.	οιν

NOMS MASCULINS A DÉCLINER SUR Λόγος. GÉN. ου.

89. Ὕπνος, Sommeil.
Ὑπόνομος, Souterrain.
Ὑσσὸς, Dard, Javelot.
Φθόγγος, Voix.
Φθόνος, Envie.
Φθόρος, Perte, Ruine.
Φόβος, Crainte, Effroi.
Φόνος, Meurtre.
Φόρτος, Charge.
Φρουρὸς, Sentinelle.
90. Χαλκὸς, Airain.
Χείμαῤῥος, Torrent impétueux.
Χέρσος, Désert.
Χλευασμὸς, Moquerie.
Χοῖρος, Pourceau.
Χόλος, Colère.
Χόνδρος, Grain.
Χόρτος, Foin, Herbe.
Χρησμὸς, Oracle.
Χρόνος, Temps.
91. Χρυσαμοιβὸς, Banquier.
Χρυσὸς, Vaisselle d'or.
Χυλὸς, Suc distillé.
Χύτρος, Pot, Marmite.
Χῶρος, Lieu, Place.
Ψαλμὸς, Chant, Psaume.
Ψάμμος, Sable.
Ψόγος, Blâme.
Ψόφος, Bruit, Son.
Ὦμος, Épaule.
92. Ἄλοχος, Épouse, Fém.
Ἄνοδος, Chemin.
Βάλανος, Gland, Verrou.
Βάσανος, Épreuve, Tourment.
Βάτος, Buisson.
Βίβλος, Livre.
Βύβλος, Papier.
Βῶλος, Motte, Champ.
Γέρανος, Grue.
Γνάθος, Joue, Bouche.
93. Δοκὸς, Poutre.
Δρόσος, Rosée.
Εὔριπος, Flux, Reflux.
Κέλευθος, Chemin.
Κέραυνος, Foudre.
Κυπάρισσος, Cyprès.
Λάγηνος, Pot, Bouteille.
Μίλτος, Vermillon.
Νῆσος, Ile.
Νοσὸς, Maladie.
94. Νυὸς, Bru, Belle-sœur.
Παρθένος, Vierge.
Πρῖνος, Chêne.
Σορὸς, Cercueil, Bière.
Σποδὸς, Cendre.
Ψῆφος, Petite pierre.

NOMS NEUTRES A DÉCLINER SUR Δῶρον. GÉN. ου.

Ἀγγεῖον, Urne.
Ἄγκιστρον, Hameçon.
Ἀγκύριον, Petite ancre.
Ἆθλον, Prix du Combat.
95. Ἀκόντιον, Trait.
Ἀνδράποδον, Esclave.
Ἄντρον, Antre.
Ἄρθρον, Membre.
Ἀριστεῖον, Prix de la valeur.
Ἄριστον, Dîner.
Ἄωτον, Fleur.
Βάκτρον, Bâton.
Βαλανεῖον, Bain, Lavoir.
Βαλάντιον, Sac, Gibecière.
96. Βάραθρον, Gouffre, Abîme.
Βλέφαρον, Paupière.
Βιβλίον, Petit livre.
Βόρατον, Genévrier (plante).
Βραχιόνιον, Bracelet.
Βρύον, Herbe, Mousse.
Γένειον, Menton, Barbe.
Γέῤῥον, Tissu d'osier.
Γναφεῖον, Moulin à foulon.
Γραφεῖον, Stilet à écrire.
97. Γυῖον, Membre.
Γυμνάσιον, Gymnase.
Δάκρυον, Pleurs.
Δάπεδον, Parquet, Plancher.
Δεῖλον, Le goûter.
Δεῖπνον, Souper.
Δένδρον, Arbre.
Δένδρεον, Bocage.
Διδασκαλεῖον, École.
Δικαστήριον, Palais, Tribunal.
98. Δίκτυον, Rets, Filets.
Δρέπανον, Faux, Cimeterre.
Ἐγκώμιον, Louange, Éloge.
Ἐγχειρίδιον, Poignard.
Εἴδωλον, Idole, Image.
Ἐμπόριον, Marché.
Ἐνύπνιον, Songe.
Ἐντάφιον, Linceul.
Ἔπαθλον, Prix du combat.
Ἐπαύλιον, Hutte.
99. Ἐποίκιον, Maison de campagne.
Ἐπίνειον, Havre, Port.
Ἐργαλεῖον, Outil.
Ἐργαστήριον, Atelier.
Ἔργον, Ouvrage.
Ἔριον, Laine.
Ἕρμαιον, Gain.
Ἐφόδιον, Vivres de campagne.
Ζαμβεκέλαιον, Huile d'olive.
Ζευγάριον, Petit joug.
100. Ζιζάνιον, Ivraie.
Ζυγάστριον, Armoire.
Ζυγὸν, Joug.
Ζύγωθρον, Verrou.
Ζωΐδιον, Petit animal.
Ζῶον, Animal.
Ἠθῆτρον, Temple.
Ἤλεκτρον, Ambre jaune.
Ἠλύσιον Πεδίον, Champs-Élysées.
Ἠρίον, Tombeau.
101. Ἤτριον, Fil, Tissu.
Ἠχεῖον, Bassin de cuivre.
Θεατρεῖον, Théâtre.
Θεῖον, La divinité.
Θέμεθλον, Fondement.
Θέριστρον, Vêtement d'été.
Θερμὸν, Chaleur.
Θέσμιον, Réglement.
Θηρίον, Bête sauvage.
Θρῖον, Feuille.
102. Θρόνον, Fleur.
Θρύον, Jonc, Canne.
Θυγάτριον, Petite fille.
Θυμιατήριον, Encensoir.
Θύον, Victime.
Θύρετρον, Porte.
Θύριον, Petite porte.
Ἰατρεῖον, Maison de santé.
Ἱερεῖον, Hostie, Victime.
Ἱερὸν, Temple.
103. Ἴκριον, Pont d'un vaisseau.
Ἱμάτιον, Habit.
Ἰνδικὸν, Poivre.
Ἱππικὸν, Cavalerie.
Ἴον, Violette.
Ἰσχίον, Hanche.
Ἰχθύδιον, Petit poisson.
Ἴχνιον, Vestige.
Κακὸν, Mal.
Κᾶλον, Bois.
104. Κάρδαμον, Cresson.
Κάρηνον, Tête, Sommet.
Κάρυον, Noix.
Κάρυονκαστανaϊκον, Châtaigne.
Καρχήσιον, Haut du mat.
Κατάκλιτον, Lit de repos.
Κειμήλιον, Trésor.
Κέντρον, Aiguillon.
Κεφάλαιον, Le principal d'une chose.
Κλινίδιον, Petit lit.
105. Κλίσιον, Bergerie.
Κοινόβιον, Communauté.
Κοκκύμηλον, Prune.
Κοκκωτὸν, Grenade.
Κολλύριον, Collyre.
Κόλον, Nourriture.
Κόνιον, Poussière.
Κοράλλιον, Corail.
Κρεάδιον, Morceau de chair.
Κρήδεμνον, Mantelet.
106. Κρίμνον, Grosse farine.
Κρίνον, Lis.
Κρώπιον, Faux.
Κυβεῖον, Maison de jeu.
Κύβιτον, Coude.
Κύμβιον, Nacelle.
Κυνόῤῥοδον, Rose sauvage.
Κύπελλον, Coupe.
Κώδιον, Toison.
Κῶλον, Membre.
107. Κωλυτήριον, Empêchement.
Κώνειον, Ciguë.
Κωπίον, Petite rame.
Λάγανον, Beignet.
Λαγίδιον, Petit lièvre.
Λαγωβόλον, Houlette.
Λαῖον, Moisson.
Λάσανον, Trépied.
Λάτρον, Salaire.
Λάχανον, Légume.
108. Λέγνον, Frange.
Λείβηθρον, Aqueduc.
Λείψανον, Le reste.
Λέκτρον, Lit.
Λεπτὸν, Obole.
Λεπύριον, Écorce.
Λευκόϊον, Violette blanche.
Λῃστήριον, Troupe de brigands.
Λιβύριον, Vaisseau de guerre.
Λιθιδίον, Petite pierre.
109. Λίνον, Lin, Fil.
Λογίον, Oracle.
Λοῦτρον, Bain, Lavoir.
Λύθρον, Sang mêlé de poussière.
Λύκειον, Peau de loup.
Λύριον, Petite lyre.
Λυτὸν, Vacances des tribunaux.
Λυχνεῖον, Chandelier.

EXERCICES SUR LES NOMS DE LA DEUXIÈME DÉCLINAISON.

A la hutte de l'esclave. Du lit de la petite fille. Des membres des animaux. *Acc.* Les temples de la Divinité. Les outils des ouvriers. Des trésors de la troupe de brigands. *Acc.* Les petites rames des matelots. Des lits des voyageurs. Les louanges des compagnons. Les feuilles de la violette blanche. L'odeur du sang mêlé de poussière. Les habits du nouveau marié. *Acc.* La nacelle du matelot. Du palais du législateur. Aux poignards des voleurs. A la colère du soldat armé à la légère. *Acc.* Les ponts des vaisseaux de guerre. A l'écorce des châtaignes. La bravoure de la cavalerie. La nourriture du messager. De l'abondance de la moisson. Aux pleurs des spectateurs. Des habits des intendants. *Acc.* Les bains de la maison de santé. Des arbres des Champs-Élysées. L'atelier du portier. Aux habits d'été du souverain. Du prix de la valeur de l'athlète. *Acc.* Le flux de la mer. A l'écorce du chêne. De la poussière de la route. De la faux de l'agriculteur. Le stilet à écrire de l'homme du peuple. Des roses sauvages de la forêt. Le passage du petit poisson. Au petit lit de la vierge. La rosée des buissons. Du lit de repos de celui qui lance le javelot. Du bruit du moulin à foulon. *Acc.* Le théâtre de la victoire. *Acc.* Le chemin de la gloire. De la foudre du ciel. Les fleurs du lys. La souveraineté du peuple. La vérité du principe. De l'origine du défaut de raison. Le cresson de la fontaine. L'abondance des vivres de campagne. A l'échange du morceau de chair. De la couleur du bassin de cuivre.

Imp. E. Dézairs, à Blois.

N° 7.

ENSEIGNEMENT MUTUEL.

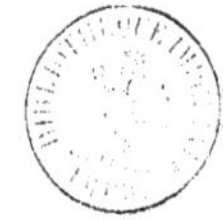

MÉTHODE GRECQUE.

Tableau résumé de la deuxième Déclinaison.

SINGULIER.			PLURIEL.			DUEL.	
	Masculin et Féminin.	*Neutre.*		*Masculin et Féminin.*	*Neutre.*		*Pour les trois Genres.*
Nom.	ος	ον	Nom.	οι	α	Nom. Voc. Acc.	ω
Voc.	ε	ον	Voc.	οι	α	Gén. Dat.	οιν
Gén.	ου	ου	Gén.	ων	ων		
Dat.	ῳ	ῳ	Dat.	οις	οις		
Acc.	ον	ον	Acc.	ους	α		

NOMS NEUTRES A DÉCLINER SUR Δῶρον. GÉN. ου.

Μάγγανον, Enchantement.
Μαλακίων, Toilette.
110. Μανδαλωτὸν, Baiser.
Μαντεῖον, Oracle.
Μάργαρον, Perle.
Μάρμαρον, Marbre.
Μεγαλεῖον, Grandeur.
Μειράκιον, Jeune homme.
Μέλαθρον, Maison, Palais.
Μέλεθρον, Piége.
Μελίκηρον, Rayon de miel.
Μελίμηλον, Pomme douce.
111. Μέλπηθρον, Jouet.
Μεσονύκτιον, Minuit.
Μεσόριον, Frontière.
Μέταλλον, Métal.
Μετόπωρον, La fin de l'automne.
Μέτρον, Mesure.
Μέτωπιον, Front.
Μῆλον, Pomme.
Μήλωθρον, Teinture.
Μίσητρον, Sujet de haine.
112. Μνημόσυνον, Monument.
Μνίον, Mousse, Algue.
Μοναστήριον, Solitude.
Μυξάριον, Petit mulet.
Μυστήριον, Mystère.
Μύστρον, Cuillère.
Μύφονον, Souricière.
Ναΐδιον, Chapelle.
Ναῦσθλον, Naulage.
Ναύσταθμον, Hâvre, Rade.
113. Νεῦρον, Nerf.
Νῆτρον, Fuseau.
Νίτρον, Nitre.
Νόμαιον, Coutume.
Νόμιμον, Loi, Institution.
Νοσοκομεῖον, Hôpital.
Ξενοδοχεῖον, Hôtellerie.
Ξενύλλιον, Petit étranger.
Ξίφιον, Poignard.
Ξόανον, Statue.
114. Ξυλάριον, Rejeton.
Ξύλον, Bois.
Ξύριον, Rasoir.
Ξυστὸν, Javelot.

Ξύστρον, Étrille, Racloir.
Ὄβρυζον, Or pur.
Ὀγκίον, Étui, Carquois.
Οἰάκιον, Petit gouvernail.
Οἰκάριον, Petite chambre.
Οἰκίδιον, Petite maison.
115. Οἰκοπεδον, Emplacement d'une maison.
Οἶνον, Feuille de vigne, Pampre.
Οἰνοφυτον, Vignoble.
Ὁλκάδιον, Petit bâtiment de transport.
Ὁλκαῖον, Bassin, Cuvette.
Ὀμφάκιον, Verjus.
Ὀνάριον, Petit âne.
Ὅπλον, Arme.
Ὀπτανεῖον, Cuisine.
Ὄργανον, Outil, Ouvrage.
116. Ὅριον, Borne, Limite.
Ὀρνίθιον, Coq, Petit oiseau.
Ὄσπριον, Légume.
Ὀστεον, Os, Ossement.
Ὄστρακον, Vase de terre cuite, Brique.
Ὄστρεον, Huitre.
Ὀψιγόνιον, Postérité.
Ὄψον, Viande, Mets.
Ὀψώνιον, Portion, Solde, Ration.
Παίγνιον, Hochet, Joujou.
117. Παιδαγωγεῖον, École.
Παιδίον, Petit enfant.
Παλτὸν, Trait, Dard.
Πάναγρον, Grand filet.
Παράσημον, Marque, Enseigne.
Πασσάλιον, Cheville de bois.
Πέδιλον, Chaussure, Soulier.
Πεδίον, Plaine, Champ.
Πέδον, Terre, Sol, Logis.
Πελεκκὸν, Manche de hache.
118. Περικάρπιον, Bracelet.
Πέταλον, Feuille, Lame.
Πηδάλιον, Gouvernail.
Πιθάριον, Petit tonneau.
Πινάκιον, Tablette.
Πίσον, Pois, Légume.

Πίτυρον, Son, Farine.
Πλῆκτρον, Fouet, Archet.
Πλοῖον, Bateau.
Ποίμνιον, Troupeau de brebis.
119. Πέλιον, Vin blanc.
Πολυάνδριον, Cimetière.
Πολίχνιον, Petite ville.
Πορθμίον, Bateau.
Πέριον, Radeau, Ponton.
Ποτὸν, Boisson, Breuvage.
Πρέμνον, Tronc, Racine.
Προαστεῖον, Faubourg.
Πρόβατον, Mouton, Brebis.
Πρόθυρον, Vestibule.
120. Πρόκωμιον, Prélude.
Προλήνιον, Pressoir.
Προλόβιον, Bout de l'oreille.
Προμύθιον, Morale d'une fable.
Προοίμιον, Exorde, Avant-propos.
Πρήσιον, Oracle, Prophétie.
Προσευκτήριον, Oratoire.
Προσκεφάλαιον, Oreiller, Traversin.
Προσωπεῖον, Masque.
Πρόσωπον, Visage, Face.
121. Πτέρον, Aile, Rame.
Πύον, Pus, Sang corrompu.
Πωλαρίον, Jeune poulain.
Ῥάκιον, Guenille, Haillon.
Ῥεῖθρον, Courant d'eau.
Ῥητον, Parole, Sentence.
Ῥιζίον, Petite racine.
Ῥίον, Sommet d'une montagne.
Ῥόδον, Rose.
Ῥόθιον, Impétuosité des flots.
122. Ῥόπαλον, Massue.
Σάββατον, Sabbat, Repos.
Σάνδαλον, Sandale.
Σαυνίον, Queue, Pique.
Σημεῖον, Signe.
Σηράγγιον, Antre.
Σήσαμον, Sésame (Blé de Turquie).
Σίαλον, Salive.
Σιδηρεῖον, Forge.

Σίδηρον, Fer.
123. Σίνιον, Crible.
Σιτίον, Nourriture, Aliments.
Σκαιούριον, Montagne escarpée.
Σκάνδαλον, Casse-cou, Scandale.
Σκαφίδιον, Petite barque.
Σκαφίον, Bêche.
Σκελετὸν, Corps desséché.
Σκῆπτρον, Bâton, Sceptre.
Σκιάδιον, Bosquet, Parasol.
Σκόροδον, Ail.
124. Σκορπίδιον, Machine de guerre.
Σκύβαλον, Fumier, Ordure.
Σκῦλον, Butin.
Σκύμνιον, Lionceau.
Σκύνιον, Sourcil.
Σουδάριον, Suaire.
Σπάργανον, Lange.
Σπεῖρον, Couverture, Vêtement.
Σπήλαιον, Grotte, Caverne.
Σπλάγχνον, Entrailles.
125. Στάδιον, Stade.
Στέρνον, Poitrine.
Στιβάδιον, Lit de jonc.
Στόμιον, Bouche, Ouverture.
Στρατήγιον, Tente du général.
Στρατοπέδον, Camp.
Στρουθίον, Moineau.
Σῦκον, Figue.
Συμβολαῖον, Convention, Traité.
Σύμβολον, Signe, Symbole.
126. Συμπλέκτον, Tissu, Cuirasse.
Συμπόσιον, Banquet.
Συνέδριον, Assemblée, Conseil.
Σύνολον, Le total.
Συσσίτιον, Salle à manger.
Σφάγιον, Épée.
Σχέδιον, Billet, Papier.
Σχολεῖον, École, Académie.
Σῶστρον, Rançon.
Σωφρονιστήριον, Lieu de correction, Prison.
127. Ταβερνεῖον, Auberge.

Τάλαντον, Balance, Talent.
Ταμεῖον, Office.
Τέθριππον, Quadrige.
Τεκμήριον, Preuve, Témoignage.
Τέκνον, Fils, Enfant.
Τεκτονεῖον, Atelier, Fabrique.
Τώθειον, Reproche injurieux.
Τέλσον, Fin, Extrémité.
Τεράστιον, Prodige.
128. Τετράποδον, Quadrupède.
Τόξον, Arc, Flèche.
Τρικλίνιον, Salle à trois lits.
Τριώβολον, Pièces de trois oboles.
Τρόπαιον, Trophée.
Τρύβλιον, Plat, Vase à boire.
Τύμπανον, Tambour.
Ὑδάτιον, Petit courant d'eau.
Ὑποδέραιον, Collier, Ornement.
Φάρμακον, Venin, Poison.
129. Φῦλον, Race, Tribu.
Φύλλον, Feuille.
Φυσητήριον, Soufflet.
Φυτον, Plante, Arbuste.
Φυτούργιον, Verger, Pépinière.
Φώριον, Vol, Crime caché.
Χαλαστὸν, Chaine.
Χαλκίον, Vase d'airain.
Χωρτίον, Papier.
Χειροσιδήριον, Main de fer.
130. Χέλειον, Écaille de tortue.
Χλανίδιον, Petit manteau.
Χορτάριον, Foin, Paille.
Χρυσίον, Or.
Χωρίον, Place forte.
Ψάλιον, Anneau, Frein.
Ψευδοκλείδιον, Fausse clé.
Ψευδομαρτύριον, Faux témoignage.
Ψιττίον, Miette.
Ὤκιμον, Basilic.
131. Ὠμόλινον, Serviette.
Ὠὸν, Œuf.
Ὦον, Le haut de la maison.

EXERCICES SUR LES NOMS DE LA DEUXIÈME DÉCLINAISON.

Au haut de la maison. Des œufs du petit oiseau. De la lame d'or. Les fausses clés du voleur. *Acc.* La tête du quadrupède. La preuve du reproche injurieux. De la preuve de l'amitié. Les papiers du juge. A la puanteur du sang corrompu. L'antre du rocher. *Acc.* Les préparatifs du banquet. La flèche du soldat. A la tente du général. Du faux témoignage du poète. Des légumes des jardins. Le bout de l'oreille du quadrupède. *Acc.* Le son du tambour. De la sandale du jeune homme. *Acc.* Les feuilles des arbres. Du sommet de la montagne. *Acc.* Les entrailles du lionceau. De la morale de la fable. O crime caché! Les deux camps. De deux sujets de haine. *Acc.* Les deux lois. Les deux rayons de miel. O oracle du prophète! De la petite chambre du jeune homme. A l'impétuosité des flots. Du retour du jeune poulain. Les souliers du petit enfant. Des maisons du faubourg. Les faubourgs de la petite ville. *Acc.* Le corps desséché du voyageur. A la machine de guerre. Les portes de l'hôtellerie. L'oratoire du solitaire. Du masque du devin. De la besace des deux petits étrangers. Le petit gouvernail. De la petite barque. A la ciguë, poison. Du prélude de la harpe. *Acc.* La flatterie du disciple. Les chevilles de bois des deux pressoirs. A l'exorde.

Imp. E. Dézairs, à Blois.

N° 8.

ENSEIGNEMENT MUTUEL.

MÉTHODE GRECQUE.

Tableau résumé de la troisième Déclinaison.

SINGULIER.

Masculin, Féminin et Neutre.

Nom. } Voc. }	α, ι, υ, ω, ρ, ς, ψ, ξ.
Gén.	ος
Dat.	ι
Acc.	α et ν

PLURIEL.

	Masculin et Féminin.	*Neutre.*
Nom.	ες	α
Voc.	ες	α
Gén.	ων	ων
Dat.	σι	σι
Acc.	ας	α

DUEL.

Pour les trois Genres.

Nom. Voc. Acc.	ε
Gén. Dat.	οιν

Noms masculins a décliner sur Ἕλλην. Gén. ος. (Voir Burnouf, § 19.)

Ἀγαίων, ονος, Soleil.
Ἀγάνωρ, ορος, Homme de cœur.
Ἀγελαιών, ονος, Étable.
Ἀγκών, ῶνος, Coin, Creux.
Ἀγων, Combat.
Ἀὴρ, αέρος, Air, Brouillard.
Ἀθὴρ, ερος, Épi, Barbe du blé.
132. Αἰθὴρ, L'air, Le ciel.
Αἰνολεων, Lion terrible.
Αἰὼν, ῶνος, Éternité.
Ἀλαζων, ονος, Charlatan.
Ἀλεκτρυων, Coq, Poule.
Ἀλητωρ, ορος, Prêtre.
Ἀλλᾶς, άντος, Saucisse.
Ἀναξ, ακτος, Roi, Prince
Ἀνδριὰς, αντος, Statue.
Ἄνθραξ, ακος, Charbon.
133. Ἀρραβων, ῶνος, Arrhes, Gages.
Ἄρχων, οντος, Magistrat.
Αὖλαξ, ακος, Sillon.
Αυχην, ενος, Cou, Détroit.
Βάβαξ, ακος, Parleur.
Βάιων, ονος, Goujon.
Βλαξ, ακος, Poltron.
Βομβυξ, υκος, Ver à soie.
Βοστρυξ, υκος, Boucle de cheveux.
Βους, βοος, Bœuf.
134. Βραχίων, ονος, Bras, Force.
Βρωτήρ, ῆρος, Mangeur.
Βωτήρ, Pasteur, Berger.
Γαργάρεὼν, ῶνος, Gorge.
Γαστρων, Gourmand.
Γείτων, ονος, Voisin.
Γέλως, ωτος, Ris, Risée.
Γίγας, αντος, Géant.
Γνωμων, ονος, Inspecteur, Indicateur.
Γοης, ητος, Enchanteur.
135. Γρίπων, ωνος, Pêcheur.
Γρὺψ, υπος, Griphon.
Γυμνὴς, ῆτος, Soldat armé à la légère.
Γυψ, υπος, Vautour.
Δαὴρ, έρος, Beau-frère.
Δαιμὼν, ονος, Dieu, Esprit malin.
Δαιτυμων, Convive.
Δέλφαξ, ακος, Pourceau.
Δελφὶν, ῖνος, Dauphin.
Δηλητηρ, ῆρος, Destructeur, Fléau.
136. Διαγνώμων, ονος, Juge, Arbitre.
Δίοψ, οπος, Surveillant, Régisseur.
Διωρυξ, υχος, Fosse, Canal.
Δοίδυξ, Pilon, Cuillère.
Δόλοψ, οπος, Espion.
Δόναξ, ακος, Roseau, Plume à écrire.
Δόρξ, δορκος, Daim, Chevreuil.
Δράκων, οντος, Dragon, Serpent.
Δρηστηρ, ῆρος, Serviteur, Domestique.
Δρομοκήρυξ, υκος, Un coureur.
137. Δωτηρ, ῆρος, Donateur.
Ελάτηρ, Écuyer, Cocher.
Ελεφάς, αντος, Éléphant, Ivoire.
Ἔλλοψ, οπος, Poisson, Esturgeon.
Ἔμπαξ, ακος, Tuteur, Curateur.
Ἔποψ, οπος, Huppe.
Ἐργαστηρ, ῆρος, Ouvrier.
Ἔρως, ωτος, Amour.
Ευρως, ωτος, Putréfaction.
Ζωστὴρ, ῆρος, Ceinture, Baudrier.
138. Ἡγεμὼν, όνος, Général.
Ἡγητὴρ, ῆρος, Conducteur.
Ἥρως, ωος, Héros.
Θεάμων, ονος, Spectateur.
Θεραπευτὴρ, ῆρος, Ministre.
Θεράπων, οντος, Serviteur.
Θημὼν, ῶνος, Amas, Monceau.
Θὴρ, θηρός, Bête farouche.
Θηρητὴρ, ῆρος, Chasseur.
Θὴς, θητός, Mercenaire.
139. Θὶς, ινός, Monceau de sable, Rivage.
Θρεπτὴρ, ῆρος, Nourricier.
Θρὶψ, ιπος, Ver rongeur.
Θυάρπαξ, αγος, Voleur, Sacrilége.
Θύλαξ, ακος, Sac, Bourse.
Θυμάλωψ, οπος, Tison.
Θυτὴρ, ῆρος, Sacrificateur.
Θωραξ, ακος, Poitrine, Cuirasse.
Θὼψ, ωπως, Flatteur.
Ἴδμων, ονος, Un savant.
140. Ἱδρως, ῶτος, Sueur.
Ἱεραξ, ακος, Épervier, Faucon.
Ἴκτιν, ῖνος, Milan.
Ἱμας, αντος, Courroie, Lanière.
Ἵστωρ, ορος, Témoin, Historien.
Ἰχώρ, ῶρος, Humeur aqueuse.
Καλως, ως, Cable.
Κανὼν, ονος, Règle, Canon.
Κάστωρ, ορος, Castor, Loutre.
Κέλης, ητος, Coursier.
141. Κελωρ, ορος, Petit-fils.
Κηρυξ, υχος, Héraut d'armes.
Κίων, ονος, Colonne.
Κλων, Rameau.
Κλωστὴρ, ῆρος, Fil, Fuseau.
Κλὼψ, οπος, Voleur.
Κνὶψ, ιπος, Moucheron.
Κνωψ, οπος, Aveugle.
Κόκκυξ, υγος, Coucou.
Κόλαξ, ακος, Flatteur.
142. Κόραξ, Corbeau.
Κόχλαξ, Caillou.
Κρατὴρ, ῆρος, Cratère.
Κρέων, οντος, Roi.
Κύκλωψ, ωπος, Cyclope.
Κύων, κυνός, Chien.
Κώδων, ωνος, Sonnette, Grelot.
Κώθων, ωνος, Coupe.
Κωνωψ, ωπος, Moucheron.
Λᾶς, λᾶος, Pierre, Roches.
143. Λάβραξ, ακος, Loup marin.
Λαγὼν, όνος, Flanc, Ouverture.
Λάρναξ, ακος, Coffre, Armoire.
Λάρυγξ, υγγος, Larynx, Gosier.
Λέβης, ητος, Chaudière.
Λειμων, ῶνος, Pré, Prairie.
Λιθαξ, ακος, Lieu escarpé.
Λιμὴν, ενος, Port.
Λις, λιτος, Linge fin.
Αυτὴρ, ῆρος, Libérateur.
144. Λωταξ, ακος, Joueur de flûte.
Μακτὴρ, ῆρος, Pâtissier.
Μαρτυρ, υρος, Témoin.
Μαστὶξ, ιγος, Fouet, Châtiment.
Ματὴρ, ῆρος, Inquisiteur.
Μασχαλιστὴρ, Traits, Harnais.
Μενθὴρ, Soin, Inquiétude.
Μὴν, μηνός, Mois.
Μητροπάτωρ, ορος, Grand-père.
Μνηστὴρ, ηρος, Prétendant.
145. Μόσσυν, υνος, Tour de bois, Siége.
Μύκης, ητος, Champignon.
Μυκτὴρ, ηρος, Narine, Nez.
Μύρμηξ, ηκος, Fourmi.
Μῦς, μυος, Rat, Souris.
Μυων, ονος, Muscle.
Μὼλωψ, οπος, Contusion.
Ναρθηξ, ηκος, Férule.
Νίψ, νιφός, Neige.
Νυμφευτηρ, ῆρος, Époux, Mari.
146. Ξυστηρ, Grattoir.
Ὀδούς, όντος, Dent.
Οἴαξ, ακος, Gouvernail.
Οἰκήτωρ, ορος, Colon, Habitant.
Ὄμφαξ, ακος, Raisin vert.
Ὄνυξ, υκος, Ongle.
Ὀπίων, ονος, Inspecteur.
Ὀριζων, οντος, Horizon.
Ὄρνις, ιθος, Oiseau, Poule.
Ὀρπηξ, ηκος, Rejeton.
147. Ὄρτυξ, υγος, Caille.
Ὀρχηστηρ, ηρος, Sauteur.
Ὀψων, ῶνος, Garde-manger.
Παιὰν, άνος, Chant de Victoire.
Παῖς, παιδός, Enfant.
Παλλαξ, ακος, Jeune homme.
Πελεκὰν, άνος, Pélican.
Πενης, ητος, Un Pauvre.
Πέρδιξ, ικος, Perdrix.
Περιστερεὼς, ῶνος, Colombier.
148. Πίδαξ, ακος, Source, Fontaine.
Πίθηξ, ηκος, Singe.
Πιναξ, ακος, Planche.
Πλυντὴρ, ηρος, Laveur.
Πλωτηρ, Navigateur
Πους, ποδός, Pied.
Πρατὴρ, προς, Vendeur.
Πώγων, ωνος, Barbe.
Ῥεκτὴρ, ηρος, Acteur.
Ῥήτωρ, ορος, Orateur.
149. Ῥινοκέρως, ωτος, Rhinocéros.
Ῥύαξ, ακος, Torrent.
Σιαγὼν, ονος, Mâchoire.
Σκολόπαξ, ακος, Bécasse.
Σκύλαξ, Jeune chien.
Στύραξ, Gomme.
Σῦς, υός, Pourceau.
Σφὴξ, ηκος, Guêpe.
Σφὴν, ῆνος, Coin à fendre.
Σωλὴν, ῆνος, Canal, Tuyau.
150. Τάπης, ητος, Tapis.
Τέττιξ, ιγος, Cigale.
Τρίβων, ῶνος, Manteau usé.
Τρίπους, οδος, Trépied.
Ὑβριστηρ, ῆρος, Injure, Affront.
Ὗς, ὑός, Porc.
Ὕσθριξ, τρίχος, Porc-épic.
Φάρυγξ, υγγος, Gosier.
Φύλαξ, ακος, Gardien.
Χάλιξ, ικος, Pierre.
151. Χειμὼν, ῶνος, Hiver.
Χὴν, χηνος, Oie.
Ὤψ, ὠπος, Visage, Œil.

OBSERVATIONS SUR LA FORMATION DES CAS DE LA TROISIÈME DÉCLINAISON.

1° Le Vocatif est semblable au Nominatif; cependant quelques noms retranchent ς : Βασιλεύς, roi, *Voc.* Βασιλεῦ; παῖς, Enfant, *Voc.* Παῖ. D'autres abrégent la voyelle : Πατὴρ, père, *Voc.* Πατερ; d'autres prennent un ν : Αἴας, *Voc.* Αἶαν, etc.

2° La consonne qui précède la terminaison ος passe à tous les cas suivants, sauf les exceptions pour le datif pluriel.

3° Le datif pluriel est toujours σι; il se forme de celui du singulier en mettant σ devant ι : Θὴρ, Θηρί, Θηρσί.

4° S'il se rencontre au singulier une muette du 3° ordre, on la rejette au pluriel : λαμπάς, λαμπάδι, λαμπάσι.

5° On rejette aussi le ν, soit seul : Ἕλλην, Ἕλληνι, Ἕλλησι; soit joint à une muette de 3° ordre : γίγας, γίγαντι, γίγασι.

6° Si le datif singulier est en οντι, comme λέων, lion, λέοντι après avoir retranché ντ, on change ο en ου, et l'on a pour datif pluriel λέουσι.

7° Si le datif singulier est en εντι, comme dans les participes en είς, εισά, έν, on change ε en ει, après la suppression de ντ : τυφθεις, τυφθέντι, τυφθεῖσι.

8° Enfin, les noms qui se terminent en Σ, précédé d'une diphthongue, forment le datif pluriel en ajoutant ι au nominatif singulier : βασιλεύς, βασιλεῦσι; ναυς, ναυσι. Excepté πούς, κτείς, οὖς et les adjectifs en εις.

Imp. E. Dézairs, à Blois.

N° 9.

ENSEIGNEMENT MUTUEL.

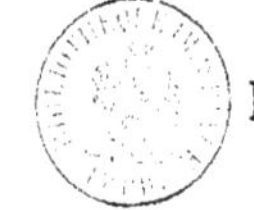

MÉTHODE GRECQUE.

Tableau résumé de la troisième Déclinaison.

SINGULIER.

Masculin, Féminin et Neutre.

Nom. Voc.	α, ι, υ, ω, ρ, ς, ψ, ξ.
Gén.	ος
Dat.	ι
Acc.	α et ν

PLURIEL.

	Masculin et Féminin.	*Neutre.*
Nom.	ες	α
Voc.	ες	α
Gén.	ων	ων
Dat.	σι	σι
Acc.	ας	α

DUEL.

Pour les trois Genres.

Nom. Voc. Acc.	ε
Gén. Dat.	οιν

NOMS FÉMININS A DÉCLINER SUR Λαμπὰς. GÉN. αδος. (Voir Burnouf, § 19.)

Ἀγριότης, ητος, Férocité.
Ἀγρότης, Rusticité.
Ἄγρωστις, ιος, Chiendent.
Ἀδελφοτης, ητος, Fraternité.
Ἀδηλοτης, Obscurité.
Ἀθλοθετης, Misère, Infortune.
Αἰγὶς, ἴδος, Égide, Bouclier.
152. Αἴξ, αἴγος, Chèvre.
Ἀκὶς, ἴδος, Pointe, Dard.
Ἀκρὶς, Sauterelle.
Ἅλιας, άδος, Barque de pêcheur.
Ἀλουργὶς, ἴδος, Robe de pourpre.
Ἅλς, ἁλος, Mer.
Αλωπεξ, εκος, Renard
Αμαρτὰς, άδος, Faute, Erreur.
Ἅμας, Vaisseau.
Ἀμυγδαλὶς, ίδος, Amande.
153. Ἄντυξ, υγος, Roue, Cercle.
Ἀργυρῖτις, ιδος, Mines d'argent.
Ἀρὶς, Lime, Râpe.
Ἀσπὶς, Bouclier.
Ἀχρὰς, αδος, Poirier sauvage.
Ἀψίς, ίδος, Liaison.
Βαλβὶς, Barrière.
Βάρις, Muraille, Portique.
Βέμβεξ, ηκος, Sabot (Jouet d'enfant).
Βήξ, βήχος, Toux.
154. Βολὶς, ἴδος, Javelot, Flèche.
Βωλαξ, ακος, Motte, Glèbe.
Γένειας, αδος, Menton, Barbe.
Γενηῒς, ἴδος, Hache.
Γλαὺξ, αυκός, Chouette.
Γλυκύτης, ητος, Douceur.
Γραῦς, αος, Vieille femme.
Γυνὴ, γυναικός, Femme.
Δαγύς, ῦδος, Glace, Cristal.
Δαΐς, ἴδος, Flambeau.
155. Δάπις, ιδος, Tapis.

Δειλότης, ητος, Timidité.
Δεινότης, Rigueur, Atrocité.
Δεξιότης, Adresse d'esprit.
Δηξ, ηκος, Petit ver.
Διαδοκὶς, ιδος, Poutre, Traverse.
Διπλοΐς, ἴδος, Manteau.
Διώρυξ, υχος, Fossé, Canal.
Δορκὰς, άδος, Chèvre sauvge.
Δρῦς, υός, Chêne.
156. Ἑβδομὰς, άδος, Semaine.
Ἐγγύτης, ητος, Voisinage.
Εγκεντρίς, ἴδος, Aiguillon, Éperon.
Εἰκὼν, όνος, Image.
Εἰνάτηρ, ηρος, Belle-sœur.
Ἐλαΐς, ἴδος, Olive, Olivier.
Ἕλιξ, ικος, Entortillement.
Ἐλπὶς, ίδος, Espoir.
Ἔρις, ιδος, Dispute, Débat.
Ἐσθὴς, ῆτος, Habit.
157. Εὐθύτης, Droiture, Équité.
Ἡγεμονὶς, ίδος, Conductrice.
Ἠὼς, ηόος, Aurore.
Θέμις, ιδος, Loi, Justice.
Θεότης, ητος, Divinité.
Θεραπευτὶς, ίδος, Servante.
Θέσπις, ιος, Prophète, Devin.
Θρίδαξ, ακος, Laitue.
Θρίξ, τριχος, Cheveu, Poil.
Θρίναξ, ακος, Crible, Van.
158. Θυρὶς, ίδος, Petite porte.
Θυωρὶς, Table sacrée.
Ἴβις, ιδος, Ibis.
Ἰδιοτης, ητος, Propriété.
Ἱερὶς, ίδος, Prêtresse.
Ἱκανότης, ητος, Aptitude, Capacité.
Ἱκέτις, ιδος, Suppliante.
Ἰκμὰς, άδος, Humeur.
Ἰκτίς, ίδος, Fouine, Furet.
Ἰότης, ητος, Dessein, Volonté.

159. Ἱππὰς, άδος, Ordre des chevaliers.
Ἶρις, ιδος, Arc-en-Ciel.
Ἰσχὰς, άδος, Figue sèche.
Καθαρότης, ητος, Propreté, Pureté.
Κακότης, Méchanceté, Lâcheté.
Καλαμὶς, ίδος, Ligne de pêcheur.
Κάλυξ, υκος, Calice, Bouton de fleur.
Κάμαξ, ακος, Échalas, Perche.
Καμπυλότης, ητος, Pli, Courbure.
Κάνης, Corbeille.
160. Κανθαρὶς, ίδος, Escarbot.
Καρυῶτις, Datte (fruit).
Καταιγὶς, Tempête.
Καταΐξ, ικος, Ouragan.
Καταῖτυξ, υγος, Casque.
Κατακλεὶς, είδος, Fermeture.
Καταλλότης, ητος, Correspondance, Enchaînement.
Κατηλιψ, ιπος, Plancher, Poutre.
Κεδρὶς, ίδος, Fruit du cèdre.
Κεμὰς, άδος, Chevreuil.
161. Κεντρὶς, ίδος, Aiguillon d'abeille.
Κεραμὶς, Tuile.
Κερκὶς, Navette.
Κεφαλίς, Tête, Châpiteau.
Κηλὶς, Ulcère, Cicatrice.
Κὴρ, κῆρος, Sort, Mort fatale.
Κλεις, κλειδος, Clé, Verrou.
Κληδὼν, όνος, Bruit, Rumeur.
Κλίμαξ, ακος, Échelle, Degré.
Κλινὶς, ίδος, Petit lit.
162. Κλιτὶς, Pente, Déclivité.
Κοιλὰ, άδος, Vallée profonde.
Κοιλότης, ητος, Cavité.
Κοιτὶς, ίδος, Berceau, Corbeille.

Κοσμιότης, ητος, Modération.
Κοτὶς, ίδος, Animosité, Haine.
Κρηπὶς, Base, Fondement.
Κύβηλις, ιος, Hache.
Κυλχνὶς, ίδος, Petite tasse.
Κύλιξ, ικος, Coupe, Gobelet.
163. Κύπας, αδος, Couverture, Manteau.
Κύων, κύνος, Chienne.
Κωφότης, ητος, Surdité.
Λαγὼν, όνος, Flanc, Cavité.
Λαίλαψ, απος, Tourbillon.
Λακτὶς, ίδος, Fouet, Éperon.
Λαμπυρὶς, Ver-luisant.
Λάρναξ, Coffre, Armoire.
Λάτρις, ιος, Servante, Esclave.
Λεβηρὶς, ίδος, Dépouille du Serpent.
164. Λεπὶς, ίδος, Écorce, Écaille.
Ληΐὰς, άδος, Captive.
Λοξότης, ητος, Obliquité.
Λύγξ, λυγκός, Lynx.
Λυκὶς, ίδος, Petite louve.
Λυπρότης, ητος, Maigreur, Stérilité.
Λυχνὶς, ίδος, Petite lampe.
Μακαριότης, ητος, Félicité, Bonheur.
Μακρότης, Longueur.
Μαλακότης, Mollesse.
165. Μανότης, Rareté.
Μάσταξ, ακος, Mandibule, Machoire.
Μάστιξ, γος, Fouet, Lanière.
Ματαιότης, ητος, Vanité, Frivolité.
Μαλανότης, Noirceur, Couleur noire.
Μελουρὶς, ίδος, Sauterelle.
Μήκων, ωνος, Pavot.
Μηλὶς, ίδος, Pommier.

Μῆτις, Conseil, Sagesse.
Μήτις, ινος, Personne.
166. Μαιχὰς, άδος, Femme adultère.
Μολιβδὶς, ίδος, Masse de plomb.
Μορὶς, Part, Portion, Partie.
Μυλακρις, Meunière.
Μυτίς, Narine, Museau.
Ναϊὰς, άδος, Naïade.
Νεᾶνις, Jeune fille.
Νεβρὶς, Peau de cerf.
Νεότης, ητος, Jeunesse, Imprudence.
Νησὶς, ίδος, Petite île.
167. Νησιῶτις, Insulaire.
Νιφὰς, ἀδος, Neige.
Νὶψ, νιφός, Neige.
Νοτὶς, ἰδος, Humidité, Moiteur.
Νυκτερὶς, Chauve-souris.
Νὺξ, νυκτος, Nuit.
Ξαντότης, ητος, Couleur jaune.
Ξηροτης, Sécheresse, Aridité.
Ξοΐς, ίδος, Racloir, Ciseau.
Ξυστὰς, ἀδος, Vigne.
168. Ξυστὶς, ἰδος, Manteau de diverses couleurs.
Ὄαρ, αρος, Femme, Épouse.
Οἰνὰς, άδος, Vignoble.
Οἰνιὰς, ἀδος, Pigeon ramier.
Ὁλκὰς, άδος, Bâtiments de transport.
Ὁμαλότης, ητος, Égalité, Uniformité.
Ὄμφαξ, ακος, Raisin vert.
Ὀξυτης, ητος, Aigreur, Acidité.
Ὀπὶς, ιδος, Vengeance divine.
Ὁπλιτὶς, Armée, Femme armée.
169. Ὀρθότης, ητος, Droiture.
Ὀρταλὶς, ίδος, Poulette, Poule.
Ὄστλιγξ, ιγγος, Étincelle.

EXERCICES SUR LES NOMS PRÉCÉDENTS.

Au salaire du magistrat. Du combat du lion terrible. A la barbe du blé. Les habits du général. Des raisonnements de l'espion. Du gouvernail du bâtiment de transport. De la tête du ver-luisant. Du bonheur du grand-père maternel. A la couleur jaune de l'arc-en-ciel. Au bruit de la flûte champêtre. Aux atrocités du jeune homme. Du manteau du voleur sacrilége. A la trompe de l'éléphant. De la bourse du joueur de flûte. Les grelots des chiens. Au casque du héraut d'armes. De la sagesse de l'homme de cœur. Des narines du soldat armé à la légère. Les boucles de cheveux de la suppliante. De la barbe du bouc. A la haine de la femme adultère. Aux boutons des fleurs. De la timidité de la vieille femme. A l'adresse de l'esprit malin. Aux vaisseaux de la mer.

De la modération du géant. A la ligne du pêcheur. De l'infortune du chasseur. De la peau du cerf. De l'espoir des héros. L'image du soleil. De l'adresse d'esprit du héros. A la mort fatale de l'espion. A la vigne de la vieille femme. Au bras du beau-frère. Du conducteur des éléphants. Aux pepins des figues sèches. Aux clefs de la porte. Aux sauterelles des jardins. Les deux pieds de la table sacrée. *Acc.* Les chênes de la vallée profonde. *Acc.* La rusticité du gourmand. De la férocité du rhinocéros. A la lâcheté des navigateurs. Aux marteaux des cyclopes. Au courage de la femme armée. De la chèvre sauvage. De l'ordre des chevaliers. Aux barques des pêcheurs. *Acc.* La bête farouche. La méchanceté de la chienne. De la couleur noire. A l'espoir du bonheur.

Imp. E. Dézairs, à Blois.

N° 10.

ENSEIGNEMENT MUTUEL.

MÉTHODE GRECQUE.

Tableau résumé de la troisième Déclinaison.

SINGULIER.

Masculin, *Féminin* et *Neutre*.

Nom. Voc.	α, ι, υ, ω, ρ, ς, ψ, ξ.
Gén.	ος
Dat.	ι
Acc.	α et ν

PLURIEL.

	Masculin et Féminin.	*Neutre.*
Nom.	ες	α
Voc.	ες	α
Gén.	ων	ων
Dat.	σι	σι
Acc.	ας	α

DUEL.

Pour les trois Genres.

Nom. Voc. Acc.	ε
Gén. Dat.	οιν

NOMS FÉMININS A DÉCLINER SUR Λαμπὰς. GÉN. αδος. (Voir Burnouf, § 19.)

Ὀστρακὶς, ἰδος, Pomme de pin.
Ὀφθαλμῖτις, Ophthalmie.
Ὀχυρότης, ητος, Forteresse, Sûreté.
Ὀψιότης, Retard.
Παγὶς, ἰδος, Lacs, Filets.
Παλαιότης, ητος, Ancienneté.
Πατρὶς, ἰδος, Patrie.
170. Πεδίας, ἀδος, Plaine.
Πελειὰς, ιδος, Pigeon noir.
Πηκτὶς, ιδος, Lyre.
Πορφυρὶς, Robe de pourpre.
Προβοσκὶς, Trompe d'éléphant.
Πυραμὶς, Pyramide.
Ῥὰξ, ῥαγὸς, Grain de raisin, Pépin.
Ῥὶν, ινος, Nez, Narine.
Σάλπιγξ, ιγγος, Une trompette.
Σάρξ, σαρκὸς, Chair, Le corps.
171. Συνωρὶς, ἰδος, Char, Attelage.
Σύριγξ, ιγγος, Flûte champêtre, Chalumeau.
Ταχύτης, ητος, Rapidité.
Τραχύτης, Rudesse, Aspérité.
Τυπὶς, ἰδος, Marteau, Maillet.
Τυραννὶς, Tyrannie.
Φάλαγξ, γὸς, Phalange.
Φλὸξ, Flamme.
Χεὶρ, ρὸς, Main.
Χλαμὺς, ύδος, Chlamyde.
172. Ψηφὶς, ἴδος, Petite pierre.
Ὠδὶς, ίνος, Douleur.
Ὠμότης, ητος, Cruauté.

NOMS NEUTRES DE LA TROISIÈME DÉCLINAISON SUR Σῶμα. GÉN. ατος.

Ἄδαρ, αρος. Gâteau.
Ἄδλεμα, ατος, Faute, Erreur.
Ἄγαλμα, Ornement, Statue.
Ἀδίκημα, Injustice, Délit.
Ἄθλημα, Combat, Lutte.
Ἄθυρμα, Jeu d'enfant, Passe-temps.
Αἷμα, Sang, Meurtre.
773. Αἴνιγμα, Énigme.
Αἴσθημα, Sensation, Sentiment.
Ἄκεσμα, Remède, Guérison.
Ἅλας, Sel.
Ἄλειαρ, Farine de froment.
Ἅλμα, Un vieux routier.
Ἁμάρτευμα, Cloaque, Egout.
Ἁμάρτημα, Faute, Manquement.
Ἅμμα, Lien, Nœud, Maille.
Ἄμπνευμα, Repos.
174. Ἄμυγμα, Egratignure.
Ἄμυνα, Défense, Vengeance.
Ἀμφίβλημα, Habillement.
Ἀμφισβήτημα, Question, Point de controverse.
Ἀνάθεμα, Anathème, Celui qui est maudit.
Ἀνάθημα, Offrande, Oblation.
Ἀνάλημμα, Hauteur, Fortification.
Ἀνάλωμα, Frais, Contribution.
Ἄναμμα, Feu, Flambeau.
Ἀνάπλασμα, Fable, Fiction.
175. Ἀναφώνημα, Exclamation.
Ἀξίωμα, Dignité, Majesté.
Ἀπάτημα, Fraude, Tromperie.
Ἀπόδερμα, Dépouille.
Ἀπόκλιμα, Penchant.
Ἀπόκομμα, Coupure, Fragment.
Ἀπέλαυσμα, Agrément.
Ἀπόπλυμα, Transfusion.
Ἀπόρρημα, Défense, Prohibition.
Ἀπόσκημμα, Appui, Soutien.
176. Ἀπόστημα, Distance, Intervalle.
Ἀπόψυγμα, Excrément.
Ἅρμα, Char.
Ἀρρώστημα, Maladie.
Ἄρτημα, Pendant d'oreilles.
Ἄρτυμα, Assaisonnement.
Ἄρωμα, Aromate, Parfum.
Ἆσμα, Petite chanson.
Ἀσχόλημα, Occupation, Travail.
Ἄτοπημα, Action absurde.
177. Ἀτύχημα, Malheur, Revers.
Ἀφόρισμα, Séparation.
Ἀφοσίωμα, Sacrifice, Expiation.
Βαδίσμα, Démarche.
Βάκχευμα, Fureur bachique.
Βάμμα, Teinture.
Βάρημα, Pesanteur.
Βαύκισμα, Joyeuse vie.
Βῆμα, Pas, Tribune.
Βλάμμα, Détriment, Tort.
178. Βλέμμα, Aspect, Regard.
Βοήθημα, Secours, Remède.
Βόημα, Cri, Vocifération.
Βόσκημα, Bétail.
Βούλευμα, Délibération.
Βούλημα, Volonté, Résolution.
Βρέγμα, Crâne.
Βρύγμα, Morsure.
Βρῶμα, Nourriture.
Γάλα, γαλακτος, Lait.
179. Γέλασμα, Le rire.
Γνωμάτευμα, Sentence.
Γνώρισμα, Signe indicatif
Γονυ, Genou.
Γράμμα, Lettre, Épitre.
Δάκρυ, υος, Larmes, Pleurs.
Δάνεισμα, ατος, Prêt à usure.
Δάσμα, Partage, Division.
Δέημα, Prière, Supplication.
Δεῖγμα, Montre, Échantillon.
180. Δέλεαρ, Viande.
Δέρας, Cuir, Peau de brebis.
Δῆγμα, Morsure.
Δῆμα, Lien.
Διάβημα, Passage, Trajet.
Διάδημα, Bandelette, Diadême.
Διάκαυμα, Chaleur brûlante.
Διάκωλυμα, Empêchement.
Διάπτωμα, Chute.
Διάστημα, Intervalle.
181. Διάταγμα, Réglement.
Διατείχισμα, Retranchement.
Διάτριμμα, Blessure.
Διαφόβημα, Frayeur, Épouvante.
Δίδαγμα, Leçon, Avertissement.
Δικαίωμα, Justification.
Δίλεμμα, Dilemme, Argument.
Δόγμα, Dogme, Arrêt.
Δόμα, Don, Mur.
Δόρυ, δόρατος, Pique, Lance.
182. Δράγμα, Gerbe, Faisceau.
Δρᾶμα, Pièce de théâtre, Drame.
Δυσχρήστημα, Désavantage, Incommodité.
Δῶμα, Maison, Dôme.
Ἔαρ, ἔαρος, Printemps.
Ἔγκαρ, Cerveau.
Ἐγκατάλειμμα, Monuments, Restes.
Ἔγκαυμα, Brûlure.
Ἔγκλημα, Accusation, Plainte.
Ἔγκλιμα, Inclinaison, Climat.
183. Ἔγκομμα Obstacle, Empressement.
Ἔδεσμα, Mets, Le manger.
Ἕδρασμα, Appui, Fondement.
Ἔθισμα, Coutume, Uusage.
Εἶδαρ, Festin, Régal.
Εἴκασμα, Image, Effigie.
Εἴλημα, Enveloppe, Couverture.
Εἴλιγμα, Repli tortueux.
Εἷμα, Habillement.
Ἔκδυμα, Dépouille.
184. Ἔκθυμα, Éruption, Pustules.
Ἔκπτωμα, Malheur, Accident.
Ἔκτισμα, Amende par jugement
Ἐλάττωμα, Infériorité.
Ἕλκωμα, Ulcère.
Ἔλλειμα, Défaut, Faute.
Ἔλυμα, Manche de la charrue.
Ἐνάλλαγμα, Changement, Permutation.
Ἔναμμα, Lien, Courroie.
Ἐναντίωμα, Obstacle, Contradiction.
185. Ἔνδειγμα, Preuve manifeste, Témoignage.
Ἔνδεμα, Collier.
Ἔνδομα, Relâchement.
Ἐνθύμα, Conception de l'esprit, Pensée.
Ἔνταλμα, Ordre, Commandement.
Ἐντευγμα, Avantage inespéré.
Ἔντμημα, Incision, Coupure.
Ἔξωσμα, Expulsion.
Ἐπάγγελμα, Promesse, Profession.
Ἔπασμα, Enchantement.
186. Ἐπενδυμα, Manteau, Tunique.
Ἐπίβλημα, Addition, Surcroît.
Ἐπιβόημα, Acclamation.
Ἐπιβούλευμα, Machination, Effort.
Ἐπίθεμα, Couvercle.
Ἐπιθύμημα, Désir, Envie.
Ἐπιμέλημα, Soin, Occupation.
Ἐπίστημα, Colonne funéraire.
Ἐπίταγμα, Ordre, Commandement.

EXERCICES SUR LES NOMS PRÉCÉDENTS.

De la chaleur brûlante du soleil. Du manche de la charrue du laboureur. Les larmes du général. De la bordure du manteau. A la peau de brebis. A l'énigme du poète. Aux replis tortueux des serpents. La cuirasse du cavalier. *Acc.* Le passage de la mer. Les retranchements des fortifications. Des avantages inespérés du combat. Du sommeil profond du petit lièvre. *Acc.* La chute des princes. Aux machinations de l'ennemi. De la paume de la main. O sacrifice expiatoire! Les morsures du serpent. Les vociférations du voleur. A l'odeur des parfums. Les inflexions de la voix du chanteur. Les deux blessures du chasseur. Des ruses du vieux routier. Du sang des victimes. La colonne funéraire des héros. Du signe indicatif du pilote. Aux conceptions d'esprit du poète. A la fermeté de courage du peuple. Aux prières du juge. L'inclinaison du pont de bateaux. De la chasse du lièvre et (καὶ) du sanglier. Les supplications des deux coupables. O règles de conduite! Des cris du geai. Les deux chars du roi. Les deux petites chansons du joueur de harpe. Les deux pendants d'oreilles des deux matelots. Aux questions du défenseur. Les fureurs bachiques du camarade. Du spectacle du ciel. O prodige!

Imp. E. Dézairs, à Blois.

N° 11.

ENSEIGNEMENT MUTUEL.

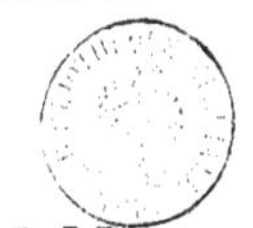

MÉTHODE GRECQUE.

Tableau résumé de la troisième Déclinaison.

SINGULIER.

Masculin, Féminin et Neutre.

Nom. Voc.	α, ι, υ, ω, ρ, ς, ψ, ξ.
Gén.	ος
Dat.	ι
Acc.	α et ν

PLURIEL.

	Masculin et Féminin.	*Neutre.*
Nom.	ες	α
Voc.	ες	α
Gén.	ων	ων
Dat.	σι	σι
Acc.	ας	α

DUEL.

Pour les trois Genres.

Nom. Voc. Acc.	ε
Gén. Dat.	οιν

NOMS NEUTRES DE LA TROISIÈME DÉCLINAISON SUR Σῶμα. GÉN. ατος.

Ἐπιτήδευμα, Règle de conduite, Habitude.
187. Ἔρισμα, Contention. Débat.
Ἐρύθημα, Rougeur, Pudeur.
Ἔρυμα, Rempart, Retranchement.
Ἐρώτημα, Demande, Question.
Εὖγμα, Vœu, Prière.
Εὕρημα, Invention, Découverte.
Εὐτύχημα, Bonheur, Heureux succès.
Ἕψημα, Potage, Bouillie
Ζεῦγμα, Jonction, Pont de bateau.
Ζῶμα, Habillement, Cuirasse.
188. Ἥγημα, Conduite, Conseil.
Ἥδυσμα, Douceur, Agrément.
Ἧμα, Trait, Javelot.
Ἦμαρ, Jour.
Ἧπαρ, Foie.
Ἦρ, ἦρος, Printemps.
Ἦτορ, ορος, Cœur.
Θαῦμα, Admiration, Prodige.
Θέημα, Merveille.
Θέμα, Dépôt, Thème.
189. Θέναρ, αρος, La paume de la main.
Θεράπευμα, Soin, Guérison.
Θέρμα, Chaleur, Fièvre.
Θεώρημα, Spectacle, Théorème.
Θήρευμα, Chasse, Gibier.
Θηριόδηγμα, Morsure du serpent.
Θοίναμα, Festin, Banquet.
Θρέμμα, Nourrisson, Rejeton.
Θρύμμα, Fragment, Morceau.

Θῦμα, Victime, Sacrifice.
190. Θύμιαμα, Parfum, Odeur.
Θύρωμα, Porte, Clôture.
Θύωμα, Aromates.
Ἴαμα, Médicament.
Ἵδρυμα, Bâtiment, Temple.
Κάθαμμα, Lien, Nœud.
Κάθαρμα, Immondice, Ordure.
Κάθεμα, Collier.
Κάρωμα, Assoupissement.
Κατήχημα, Retentissement.
191. Καῦμα, Chaleur, Ardeur.
Κέαρ, Cœur.
Κέρασμα, Mixtion, Mélange
Κέρμα, Argent.
Κήδευμα, Affinité, Alliance.
Κήνυγμα, Spectre, Ombre.
Κήρυγμα, Proclamation.
Κιβδήλευμα, Falsification.
Κλῆσμα, Éclat, Fragment.
Κλαῦμα, Pleurs, Lamentations.
192. Κλέμμα, Vol, Fourberie.
Κλῆμα, Sarment, Pampre.
Κλῶσμα, Fil.
Κνῆσμα, Démangeaison.
Κόλασμα, Peine, Châtiment.
Κολάφισμα, Soufflet.
Κόμψευμα, Expression choisie.
Κόρευμα, Virginité.
Κρίμα, Jugement, Condamnation.
Κροῦμα, Bruit, Cliquetis.
193. Κτῆμα, Possession, Domaine.
Κύαρ, Trou d'une aiguille.
Κυβίστημα, Culbute.
Κῦμα, Flot, Vague.
Κύφωμα, Bosse, Gibbosité.
Κώλυμα, Obstacle.

Κῶμα, Sommeil profond.
Κῶς, κωός, Peau de brebis.
Λατρεύμα, Ministère, Culte.
Λεῖμα, Le reste.
194. Λέμμα, Écorce.
Λῆμα, Fermeté de courage.
Λῆμμα, Présent, Lemme.
Λόγισμα, Compte, Calcul.
Λύγισμα, Inflexion de la voix.
Λῦμα, Un infâme.
Λῶμα, Frange, Bordure.
Λώφημα, Relâche, Repos.
Μαγγάνευμα, ατος, Magie, Enchantement.
Μάγευμα, Sortilége, Prestige.
195. Μάγμα, Lie, Marc.
Μάθημα, Leçon, Instruction.
Μάλαγμα, Cataplasme.
Μανθευμα, Oracle, Prédiction.
Μαρτύρημα, Témoignage.
Μέθυσμα, Vin, Liqueur.
Μελέθημα, Exercice.
Μέλι, ιτος, Miel.
Μήνυμα, Renseignement, Indication.
Μίαμμα, Teinture.
196. Μίασμα, Souillure, Miasme.
Μίμημα, Imitation, Image.
Μνῆμα, Souvenir, Monument.
Μόχθημα, Peine, Affliction.
Μῦμαρ, Honte, Opprobre.
Μύρωμα, Parfum, Essence.
Νᾶμα, Courant d'eau, Ruisseau.
Νέκταρ, αρος, Nectar.
Νεῦμα, Signe, Geste.
Νῆμα, Fil, Tissu, Toile.
197. Νόημα, Pensée, Intention.

Νόμισμα, Pièce de monnaie.
Νόσημα, Maladie, Corruption.
Νύγμα, Piqûre.
Νύμφευμα, Mariage, Hymen.
Νώκαρ, αρος, Profond assoupissement.
Ξύσμα, Raclure.
Ὄδυρμα, Pleurs, Gémissements.
Οἴδημα, Tumeur, Enflure.
Οἴημα, Opinion.
198. Οἰκείωμα, Sympathie.
Οἴκημα, Demeure, Logement.
Οἰκοδόμημα, Bâtiment.
Οἰκτείρημα, Compassion.
Οἴμημα, Impétuosité.
Οἴστευμα, Flèche, Trait.
Οἴστρημα, Passion, Frénésie.
Οἰώνισμα, Auspice, Présage.
Ὀλίσθημα, Glissade, Chute.
Ὁμήρευμα, Gage, Otage.
199. Ὄμμα, Spectacle.
Ὁμοίωμα, Image, Simulacre.
Ὁμολόγημα, Accord, Convention.
Ὄναρ (Indécl.), Songe.
Ὄνειαρ, ατος, Utilité, Profit.
Ὄνομα, Nom, Parole.
Ὀνόμασμα, Dénomination.
Ὅρισμα, Borne.
Ὄρυγμα, Fosse, Fossé.
Οὖας, οὖς, ωτός, Oreilles.
200. Οὖδας, Pavé, Terre.
Οὖθαρ, Mamelle.
Ὀφέλημα, Accroissement.
Ὄφλημα, Amende, Peine.
Ὄχημα, Voiture, Char.
Ὀχύρωμα, Château-fort.
Ὄψημα, Viande, Bonne chère.
Πάθημα, Malheur, Souffrance.

Παῖγμα, Jeu.
Παίδευμα, Science, Instruction.
201. Πάλμα, Vibration, Agitation.
Πάμμα, Biens, Meubles.
Παράγγελμα, Avertissement.
Παράδειγμα, Modèle, Exemple.
Παρανόμημα, Infraction, Crime.
Παραπέτασμα, Voile, Rideau.
Παρευρήμα, Invention.
Πεῖραρ, Fin, Issue.
Πεῖσμα, Amarre, Câble.
Πέλωρ, ωρος, Monstre effroyable.
202. Πέμμα, Mets délicats, Gâteau.
Πέραμα, Trajet, Passage.
Πέρας, Terme, But.
Περίπτωμα, Accident.
Πῆμα, Mal, Dommage.
Πῖαρ, αρος, Crême, Graisse.
Πλέγμα, Corbeille.
Πλῆγμα, Plaie, Blessure.
Πνεῦμα, Esprit, Souffle.
Πνίγμα, Suffocation, Oppression.
203. Ποίημα, Poëme, Ouvrage.
Ποίκιλμα, Ornement.
Πόλισμα, Ville.
Πολίτευμα, Gouvernement de la République.
Πόμα, Potion, Boisson.
Πόνημα, Travail, Ouvrage.
Πόρευμα, Expédition navale.
Πότημα, Breuvage, Gobelet.
Πρᾶγμα, Chose, Affaire.
Πρίσμα, Sciure, Vermoulure.
304. Πρόβημα, Avancement, Progrès.

EXERCICES SUR LES NOMS PRÉCÉDENTS.

Du plumage de l'oiseau. Au vol de l'aigle. Des portes du château-fort. *Acc.* Les railleries piquantes de l'insolent. Des prémices des jardins. Des interpellations des orateurs. Des racines des arbres. *Acc.* Les machinations insidieuses des ennemis. De la vision du monstre effroyable. Des stratagèmes des généraux. Des gémissements des soldats. *Acc.* Les deux cadavres. Des deux proclamations. Aux deux ulcères du cœur. De la violence du tremblement de terre. Des mauvais desseins de l'esclave. *Acc.* La bonne chère du jeune homme. Les accidents de l'expédition navale. Des maximes du pauvre. Au profond assoupissement du Cyclope. Du passage des deux armées. L'impétuosité des flots. Aux deux chars des princes. De la lumière du soleil. A l'issu du combat. A la pointe de l'épée. De la pensée du crime. Des caresses des deux officiers. O souvenir du gouverment républicain! O preuves manifestes des souffrances du peuple! A l'ombrage des étendards. Du repos de l'hiver. A la parure du convive. Les marques honteuses des crimes. Les câbles des deux vaisseaux. A la hauteur des deux tours. A l'enflure des plaies. L'hymen du grand-père et de la grand-mère. Des jeux du village. Des deux oreilles du lion. A la bouche du satyre. Des semailles de l'hiver. De la piqûre du serpent. O vanité des biens!

Imp. E. Dézairs, à Blois.

N° 12.

ENSEIGNEMENT MUTUEL.

MÉTHODE GRECQUE.

Tableau résumé de la troisième Déclinaison.

SINGULIER. *Masculin, Féminin et Neutre.*

Nom. Voc.	α, ι, υ, ω, ρ, ς, ψ, ξ.
Gén.	ος
Dat.	ι
Acc.	α et ν

PLURIEL.

	Masculin et Féminin.	*Neutre.*
Nom.	ες	α
Voc.	ες	α
Gén.	ων	ων
Dat.	σι	σι
Acc.	ας	α

DUEL. *Pour les trois Genres.*

Nom. Voc. Acc.	ε
Gén. Dat.	οιν

NOMS NEUTRES DE LA TROISIÈME DÉCLINAISON SUR Σῶμα. GÉN. ατος.

Πρόβλημα, Rempart, Problème.
Πρόγραμμα, Tableau, Programme.
Προθέμα, Affiche.
Πρόκαυμα, Combustion.
Προκήρυγμα, Proclamation.
Προκοσμημα, Parure.
Πρόσρημα, Interpellation.
Προστίμημα, Amende, Punition.
Πρόσχημα, Prétexte.
305. Προτερήμα, Primauté, Privilége.
Πρωγέννημα, Prémices.
Πτέρωμα, Plumage.
Πτῆμα, Vol (d'oiseau).
Πτύγμα, Pli, Compresse.
Πτῶμα, Cadavre.
Πῦρ, πυρός, Feu.
Πύργωμα, Tour.
Πύσμα, Question.
Πῶμα, Couvercle.
206. Πώρωμα, Calus, Durillon.
Ῥάκωμα, Guenille, Haillon.
Ῥάμμα, Couture.
Ῥέγμα, Teinture.
Ῥεῦμα, Flot, Fleuve.
Ῥῆγμα, Fracture.
Ῥῆμα, Parole, Maxime.
Ῥίζωμα, Souche, Racine.
Ῥίμμα, Jet.
Ῥίνημα, Limaille.
207. Ῥῦμα, Tirage.
Ῥυπασμα, Tache, Ordure.
Ῥυσσημα, Ride, Flétrissure.
Ῥύσταγμα, Violence.
Σάρμα, Gouffre, Abime.
Σέβασμα, Vénération, Culte.
Σεῖσμα, Tremblement de terre.
Σελάγισμα, Lueur, Éclair.
Σέλας, Lumière, Clarté.
Σέμνωνα, Ornement.
208. Σήκωμα, Contrepoids, Compensation.
Σῆμα, Signal, Étendard.
Σιτάρχημα, Fonction de l'intendant.
Σκαιώρημα, Mauvais dessein.
Σκαλευμα, Fossé.
Σκαλώμα, Courbure.
Σκάμμα, Arène, Combat.
Σκελέτευμα, Corps desséché.
Σκέμμα, Pensée, Projet.
Σκευοποιημα, Invention.
209. Σκευώρημα, Machination insidieuse.
Σκήνημα, Tente, Pavillon.
Σκίασμα, Ombrage.
Σκλήρυσμα, Tumeur dure.
Σκύφωμα, Coupe, Tasse.
Σκῶμμα, Raillerie piquante.
Σμῆγμα, Frottement.
Σμίλευμα, Rognure.
Σόφισμα, Sophisme.
Σπάραγμα, Lambeau, Débris.
210. Σπάσμα, Pointe d'une épée.
Σπέρμα, Semence, Graine.
Στέαρ, Suif.
Στέγασμα, Couverture.
Στέμμα, Couronne.
Στηλωμα, Colonne.
Στίγμα, Marque honteuse.
Στόμα, Bouche.
Στράτευμα, Armée.
Στρατήγημα, Stratagème.
211. Στύγημα, Haine.
Στώμυλμα, Bavardage.
Σύγγραμμα, Ouvrage, Histoire.
Συκόφαντημα, Calomnie.
Σύστημα, Système.
Σφάλμα, Faute, Erreur.
Σχῆμα, Forme, Habit.
Ταμίευμα, Économie.
Τειχίσμα, Fortification.
Τέκμαρ, Fin, Borne.
212. Τέλμα, Marais, Bourbier.
Τεῦγμα, Construction.
Τόλμα, Audace, Hardiesse.
Τόξευμα, Trait, Javelot.
Τράχωμα, Dureté, Aspérité.
Τρόφημα, Aliment.
Ὕβρισμα, Injure, Affront.
Ὕβωμα, Bosse, Courbure.
Ὕδρευμα, Abreuvoir.
Ὑποδημα, Chaussure.
213. Ὕφασμα, Toile, Étoffe.
Ὕψωμα, Hauteur, Sommet.
Φάγημα, Mets, Aliments.
Φάσμα, Fantôme, Vision.
Φάτνωμα, Lambris.
Φίλημα, Baiser, Caresse.
Φόβημα, Épouvantail.
Φρέαρ, Puits, Citerne.
Φύσημα, Souffle, Orgueil.
Φώνημα, Voix, Son, Parole.
214. Φῶς, φωτός, Lumière.
Χάρισμα, Présent, Récompense.
Χάσμα, Gouffre, Abime.
Χεῖμα, Hiver, Tempête.
Χρῶμα, Couleur.
Χῶμα, Digue, Hauteur.
Ψῆγμα, Miette, Parcelle.
Ὤνημα, Emplette.

NOMS CONTRACTES DE LA TROISIÈME DÉCLINAISON.

Règles générales de contraction :

εο se change en ου	εα se change en η	Acc. pluriel, εα se change en εις.
εϊ en ει	εων en ων	N. V. Acc. Duel, εε en η.
εε en ει	εοιν en οιν	

NOMS NEUTRES SUR Τεῖχος, GÉN. εος, ους.

Ἄγγος, Vase, Urne.
Ἄγκος, Fond, Vallon.
215. Ἄγος, Chose sacrée, Sacrifice expiatoire.
Ἄγχος, Strangulation, Suffocation.
Ἄδος, Satiété, Lassitude.
Αἶθος, Chaleur, Feu, Flamme.
Αἶπος, Hauteur, Sommet.
Αἶσχος, Honte, Laideur.
Αἶτος, Demeure, Bois sacré.
Ἄκος, Remède.
Ἄλγος, Douleur, Chagrin.
Ἄλσος, Bois sacré, Clairière.
216. Ἄνθος, Fleur, Fleur de la jeunesse, Beauté.
Ἄπος, Travail.
Ἄργος, Argos (ville).
Ἄχθος, Charge, Douleur accablante.
Ἄψος, Membre.
Βάθος, Profondeur, Abîme.
Βάρος, Poids, Gravité.
Βελος, Dard, Trait, Tonnerre.
Βένθος, Profondeur.
Βεῦδος, Robe de pourpre.
317. Βῆσος, Vallée, Enfoncement.
Βλέπος, Regard, Coup d'œil.
Βλέννος, Folie, Flegme.
Βρέφος, Enfant.
Βρίθος, Pesanteur.
Γάνος, Joie, Plaisir.
Γέμος, Plénitude.
Γένος, Race, Nation.
Γῆθος, Joie, Gaîté.
Γλεῦκος, Vin doux.
218. Γλῆνος, Étoile, Lumière.
Δάνος, Don, Présent.
Δάσος, Lieu planté d'arbres.
Δέος, Crainte.
Δέρος, Peau, Cuir.
Δῆνος, Conseil, Artifice.
Δίψος, Soif.
Δράκος, Les yeux, La vue.
Ἔδαφος, Sol, Parquet.
Ἕδος, Siége, Base, Statue.
219. Ἔθνος, Peuple, Nation.
Ἔθος, Coutume, Institution.
Εἶδος, Forme, Beauté.
Εἶρος, Laine.
Ἔλεος, Compassion, Aumône.
Ἕλος, Marais.
Ἔπος, Mot, Parole.
Ἔρευθος, Rougeur, Pudeur.
Ἕρκος, Clôture, Barrière.
Ἔρνος, Plante, Branche.
220. Ἔτος, An, Année.
Εὖχος, Gloire.
Ἔχθος, Haine, Inimitié.
Ζεῦγος, Joug.
Ἦδος, Douceur, Délices.
Ἦθος, Domicile, Mœurs.
Θάλος, Rameau vert, Feuille.
Θάλπος, Chaleur, Ardeur.
Θάμβος, Stupeur, Saisissement.
Θάπος, Grand étonnement.
221. Θάρσος, Fermeté, Audace.
Θερος, Moisson.
Θράσος, Témérité.
Θύος, Victime, Sacrifice.
Ἴχνος, Trace, Vestige.
Κάλλος, Beauté du visage.
Κάρνος, Brebis, Troupeau.
Καρφος, Paille, Foin sec.
Κέλυφος, Écorce, Enveloppe.
Κερδος, Gain, Ruse.
222. Κεῦθος, Retraite.
Κῆδος, Soin, Deuil.
Κῆτος, Baleine.
Κίναδος, Renard.
Κλέος, Rumeur, Célébrité.
Κλέπος, Vol, Larcin.
Κλῆδος, Haie, Clôture.
Κλίτος, Colline, Pente.
Κνίφος, Ortie.
Κνύος, Gale, Démangeaison.
223. Κράνος, Casque.

Imp. E. Dézairs, à Blois.

N° 13.

ENSEIGNEMENT MUTUEL.

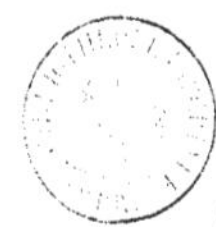

MÉTHODE GRECQUE.

NOMS CONTRACTES DE LA TROISIÈME DÉCLINAISON.

Règles générales de contraction :

εο se change en ευ
εϊ en ει
εε en εἰ

εα se change en η
εων en ων
εοιν en οιν

Acc. pluriel, εα se change en ει.
N. V. Acc. Duel, εε en η.

NOMS NEUTRES SUR Τεῖχος, GÉN. εος, ους.

Κρατος, Force, Puissance.
Κρύος, Grand froid, Glace.
Κτῆνος, Bétail, Bête de somme.
Κῦδος, Gloire, Honneur.
Κῦρος, Autorité absolue.
Κῦτος, Cavité, Profondeur.
Κώος, Toison, Tapis.
Λῆδος, Vêtement léger.
Λῆνος, Laine.
224. Λίβος, Goutte (humeur).
Λίπος, Graisse.
Λίχος, Friandise, Mets appétissants.
Μάχος, Machine.
Μέγεθος, Grandeur.
Μέλος, Membre, Vers.

Μένος, Ardeur guerrière, Violence.
Μέρος, Part, Portion.
Μῆδος, Soin, Conseil, Dessein.
Μῆκος, Longueur, Hauteur.
225. Μῆτος, Une personne.
Μῖσος, Haine, Inimitié.
Νάκος, Toison.
Νάπος, Bois, Colline.
Νεῖκος, Querelle, Dispute.
Νέμος, Bois.
Νέφος, Nuage, Tristesse.
Νίκος, Victoire, Triomphe.
Νύχος, Nuit, Ténèbres.
Ξίφος, Épée, Poignard.
226. Ὄνειδος, Honte, Déshonneur.

Ὄρος, Montagne.
Οὖδος, Pavé, Terre.
Πάθος, Souffrance, Meurtre.
Πάχος, Grossièreté, Stupidité.
Πέλαγος, Haute-mer.
Πένθος, Deuil, Tristesse.
Πῖσος, Prairie.
Πλάτος, Largeur.
Πλέκος, Corbeille d'osier.
227. Πλῆθος, Multitude.
Πνῖγος, Oppression.
Ῥάκος, Habit déchiré.
Ῥάμφος, Bec.
Ῥέγος, Teinture.
Ῥέθος, Membre.
Ῥῆγος, Coussin, Oreiller.
Σάκος, Bouclier.

Σθένος, Force, Puissance.
Σκέλος, Os de la jambe.
228. Σκεῦος, Vase, Instrument.
Σκύτος, Peau, Cuir.
Σμῆνος, Ruche, Essaim.
Στέγος, Toit, Toiture.
Στέλεχος, Tronc d'arbre.
Στῆθος, Poitrine, Cœur.
Στίφος, Troupe, Bataillon, Escadron.
Στρῆνος, Mollesse, Délices.
Στύγος, Haine.
Στύπος, Tronc, Pilotis.
229. Τάχος, Célérité, Promptitude.
Τέγος, Toit, Maison.

Τέλος, Fin, But.
Τέρχνος, Rejeton, Rameau.
Τῖφος, Marais.
Τύπος, Coup, Blessure.
Ὕψος, Sommet.
Φᾶρος, Robe, Voile.
Φάρσος, Enveloppe.
Φέγγος, Jour, Splendeur.
230. Φῦκος, Algue, Mousse.
Χάος, χεος, Chaos.
Χεῖλος, Lèvre.
Χλῖδος, Parure recherchée.
Χρέος, Dette, Obligation.
Ψέφος, Ténèbres.
Ψεῦδος, Mensonge, Ruse.
Ψύχος, Froid, Gelée.

PRÉPOSITIONS.

Ἐν, à, dans (*latin*, in).
Εἰς, ἐς, à, dans (in).
231. Πρός, à, vers (ad).
Ἐκ, ἐξ, de (è ex).
Ἀπό, de (à ab).
Διά, par, à travers (per).

Ἀνὰ, par, sur, (per).
Κατά, à, en (ad).
Παρὰ, auprès de (apud).
Μετὰ, entre, avec, après (inter, cum, post).
Σύν, ξύν, avec (cum).

Ὑπερ, sur, au-dessus (super).
232. Ὑπό, sous (sub).
Πρὸ, devant (præ).
Ἀμφὶ, autour de (circùm).
Περί, autour de (circùm).
Ἐπί, sur, auprès (in).

Ἀντί, pour, au lieu de (pro).

Mots considérés comme prépositions et qui gouvernent le génitif.

Ἄτερ, sans (sine).

Ἄνευ, sans (sine).
Ἑνεκα, à cause de (ob, propter).
Ἄχρι, jusqu'à (usque ad).
233. Μέχρι, jusqu'à (usque ad).
Πλὴν, excepté, hormis (præter).

NOMS FÉMININS SUR Πόλις. GÉN. ιος, εος, εως.

Ἀβρόταξις, Méprise, Égarement.
Ἀγάπησις, Amour, Affection.
Ἄγερσις, Rassemblement, Réunion.
Ἄγρευσις, Chasse, Capture.
Ἄγυρις, Attroupement.
Ἀδελφιξίς, Fraternité.
Αἴδεσις, Vénération, Pardon.
Αἵρεσις, Choix, Secte, Opinion.
234. Αἴσχεσις, Flétrissure, Déshonneur.
Αἰτίασις, Accusation.
Ἀκρόασις, Lecture, Auditoire.

Ἄλθεξις, Guérison.
Ἄλσις, Accroissement.
Ἄλυσις, Inquiétude, Perplexité.
Ἄμυξις, Égratignure.
Ἀμφισβήτησις, Débat, Contention.
Ἀναγέννησις, Régénération.
Ἀνάγνωσις, Lecture, Récitation.
235. Ἀνάθεσις, Délai, Remise.
Ἀνάκλησις, Appel, Invocation.
Ἀνάληψις, Convalescence.
Ἄνανεύσις, Refus.
Ἀνάπτωσις, Relâchement.
Ἀνάπλασις, Chimère.

Ἀνάῤῥηξις, Rupture, Éruption.
Ἀναρτησις, Suspension, Incertitude.
Ἀνάστασις, Résurrection, Rétablissement.
Ἀναφύξις, Évasion, Retraite.
236. Ἀνάψυξις, Rafraîchissement.
Ἀνδραπόδοσις, Esclavage, Servitude.
Ἄνεσις, Dissolution.
Ἄνθεξις, Étreintes, Embrassement.
Ἀνθύπειξις, Condescendance.
Ἀνοίκισις, Transmigration.

Ἄνοιξις, Ouverture.
Ἀντάμειψις, Compensation.
Ἄντησις, Rencontre.
Ἀπόδοσις, Rétribution, Récompense.
237. Ἀνταπώθησις, Résistance.
Ἀντίθεσις, Opposition, Antithèse.
Ἀντίκρισις, Réponse.
Ἀντιμαχησις, Combat, Lutte.
Ἀντιπαραστάσις, Opposition.
Ἀντίῤῥησις, Contradiction.
Ἀντίτισις, Punition, Peine.
Ἄνωξις, Exhortation, Invitation.

Ἀπάρτησις, Appendice.
Ἀπελευτέρωσις, Affranchissement.
238. Ἀπεμπόλησις, Trafic, Négoce.
Ἀπερίστασις, Bonheur, Prospérité.
Ἀποδρασις, Évasion, Fuite.
Ἀπόκρισις, Réponse.
Ἀπολαύσις, Jouissance, Avantage.
Ἀπολείψις, Manque, Éclipse.
Ἀπόστασις, Retraite, Désertion.
Ἄρδις, Pointe d'une flèche.

EXERCICES SUR LES NOMS PRÉCÉDENTS AVEC PRÉPOSITIONS (1).

Gén. (ἐκ, ἐξ, ἀπό, πρό, ἀντί). De la ville d'Argos. De dessus un char. A l'aide d'un câble. De dessus un toit. De dessus une montagne. Devant la porte. En présence du roi. L'épée pour un bâton. A l'aide du renard. Sans la multitude. A cause de l'audace du lion. Jusqu'à Rome. Excepté le casque et la cuirasse. En la présence des troupes. Sans la force. Avec l'aide de Dieu. Le berger sans le troupeau. A cause de l'armée des ennemis. Troupes sans chefs et sans armes. De dessus une tour. A cause de la parure recherchée. *Dat.* (ἐν, σύν ou ξύν). Devant la justice du peuple. Avec des couronnes. Avec un javelot. Avec l'aide de Dieu. Conformément à la loi de la nation. Des satellites en armes. En conformité des mœurs et des coutumes du royaume. Avec une autorité absolue. Avec promptitude. Dans un coup d'œil. Dans les délices et les plaisirs. En inimitié. Le prince en inimitié avec le peuple. Loi en contradiction avec les usages de la contrée. En paix et en guerre. En procès. En esclave fugitif. En présent. Dans la ville.

(1) Voir Burnouf, § 372 et suiv.

Imp. E. Dézairs, à Blois.

Nº 14.

ENSEIGNEMENT MUTUEL.

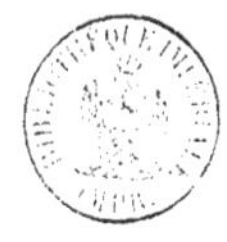

MÉTHODE GRECQUE.

NOMS CONTRACTES DE LA TROISIÈME DÉCLINAISON.

Règles générales de contraction :

εο se change en ου	εα se change en η	Acc. pluriel, εα se change en ει.
εϊ en ει	εων en ων	N. V. Acc. Duel, εε en η.
εε en ει	εοιν en οιν	

NOMS FÉMININS SUR Πόλις. GÉN. ιος, εος, εως.

Ἀρίθμησις, Numération.
Ἄροσις, Labourage.
239. Ἄρσις, Élévation, Fardeau.
Ἀσέβησις, Impiété.
Ἆσις, Chant, Chanson.
Ἄσκησις, Exercice, Étude.
Ἀτύχησις, Malheur, Adversité.
Αὔανσις, Sécheresse, Aridité.
Αὔξησις, Augmentation.
Ἀφάνισις, Disparition, Mort.
Ἄφιξις, Arrivée.
Ἅψις, Tact, Maniement.
240. Βάσις, Marche, Base.
Βεβαίωσις, Affermissement.
Βελόστασις, Baliste.
Βίωσις, Vie.
Βλάψις, Tort, Dommage.
Βλέψις, Regard.
Βούβρωσις, Faim dévorante.
Βούλευσις, Délibération.
Βρῶσις, Nourriture, Aliments.
Γένεσις, Origine, Naissance.
241. Γνῶσις, Connaissance, Science.
Γράστις, Gazon.
Γύμνασις, Exercice, Gymnase.
Γῦρις, Fleur de farine.
Δεῖξις, Accusation.
Δεξίωσις, Bon accueil, Salutation.
Δέρξις, Vision, Vue.
Δέρρις, Peau, Cuir.
Δέσις, Ligament, Jointure.
Δῆξις, Morsure.
242. Δῆρις, Querelle, Débat.
Διάβασις, Trajet, Passage.
Διάθρυψις, Délices, Mollesse.
Διάκρισις, Dissolution, Décomposition.
Διάλειψις, Interruption.
Διάλεξις, Conversation.
Διάλλαξις, Permutation.
Διάλυσις, Accord.
Διανάστασις, Résurrection.
Διανόησις, Pensée, Réflexion.
243. Διάνυσις, Journée de marche.
Διάπτωσις, Chute, Ruine.
Διάστασις, Désordre.
Διάθεσις, Testament, Vente.
Διάχυσις, Epanchement de la joie.
Δίστασις, Doute.
Δίωξις, Poursuite.
Δόκησις, Opinion, Attente.
Δόλωσις, Fraude, Tromperie.
Δόσις, Donation, Présent.
244. Δράσις, Action.
Δύναμις, Pouvoir.
Δύσφυσις, Mauvais naturel.
Ἐγγύησις, Cautionnement.
Ἔγκαυσις, Feu, Ardeur.
Ἔγκλησις, Appel en justice.
Ἔγκλισις, Inclinaison.
Ἔγκτησις, Possession.
Ἐγρήγορσις, Guet, Vigilance.
Ἐγχείρησις, Attaque.
245. Εἴδησις, Science, Habileté.
Εἴλησις, Chaleur.
Ἔκβασις, Sortie, Événement.
Ἔκδεξις, Réception, Succession.
Ἔκδοσις, Publication.
Ἔκθεσις, Exposition, Explication.
Ἔκλειψις, Défaut, Éclipse.
Ἔκλυσις, Affranchissement.
Ἔκπληξις, Stupeur, Consternation.
Ἐκπόρευσις, Départ, Émanation.
246. Ἔκταξις, Ordre de bataille.
Ἔκτασις, Allongement.
Ἔκτισις, Satisfaction.
Ἔκφανσις, Manifestation.
Ἔκφασις, Édit.
Ἔκφυσις, Rejeton.
Ἐκφώνησις, Exclamation.
Ἔκχυσις, Effusion, Profusion.
Ἐλλάττωσις, Diminution.
Ἐλευτέρωσις, Délivrance.
247. Ἔλευσις, Venue, Arrivée.
Ἕλκυσις, Attraction.
Ἔλλειψις, Omission.
Ἔμπτωσις, Chute.
Ἔμψυξις, Rafraichissement.
Ἐνδόσις, Relâchement.
Ἔνδυσις, Habillement.
Ἐνθύμησις, Réflexion, Méditation.
Ἔντασις, Austérité, Rigueur.
Ἔντευξις, Abord, Rencontre.
248. Ἔξαψις, Inflammation.
Ἐξέλασις, Expulsion.
Ἔξεσις, Renvoi, Bannissement.
Ἐξετάσις, Recherche, Information.
Ἕξις, État, Faculté.
Ἔπαυλις, Maison de campagne.
Ἐπέλασις, Expédition.
Ἐπέλευσις, Irruption des ennemis.
Ἐπεξέπελευσις, Vengeance.
Ἐπέρεισις, Contention d'esprit.
249. Ἐπήλυσις, Choc, Attaque des ennemis.
Ἐπίβασις, Montée, Fondement.
Ἐπιβούλευσις, Embûches, Complot.
Ἐπίθεσις, Invasion.
Ἐπίλησις, Oubli.
Ἐπίμυξις, Profond soupir.
Ἐπίπλευσις, Entrée dans le port.
Ἐπίστασις, Application d'esprit.
Ἐπιτίμησις, Blâme, Répréhension.
Ἐπίφασις, Apparence, Air.
250. Ἐρώτησις, Interrogation.
Ἔφαψις, Ligature, Liaison.
Ἔφεσις, Désir, Envie.
Ζέσις, Bouillonnement.
Ἥγεσις, Conduite, Commandement.
Θαλάττωσις, Inondation de la mer.
Θέσις, Thèse, Institution.
Θέπσις, Apothéose.
Θίξις, Tact, Toucher.
Θραῦσις, Fracture, Fraction.
251. Θρέψις, Nutrition.
Ἵδρυσις, Siége, Établissement.
Ἷξις, Arrivée.
Καταίρεσις, Renversement, Destruction.
Κάθεξις, Conservation.
Κάθεσις, Siége, Habitation.
Κάθισις, Session, Séance.
Κάκωσις, Mauvais traitement.
Κατάγνωσις, Condamnation.
Καταίβασις, Descente.
252. Κατάκλυσις, Inondation, Déluge.
Καταμάθησις, Instruction, Doctrine.
Καταμέτρησις, Plan, Dessin.
Κατανόησις, Intelligence, Connaissance.
Κατάνυξις, Douleur vive.
Κατάπιστωσις, Garantie, Caution.
Κατάρτισις, Perfectionnement.
Κατοίκησις, Domicile, Demeure.
Καύχησις, Jactance, Vanité.
Κάψις, Morsure.
253. Κένωσις, Purgation.
Κίγκλισις, Agitation fréquente.
Κίνησις, Trouble, Agitation.
Κλάσις, Rupture, Fracture.
Κλείσις, Clôture.
Κλῆσις, Appel, Citation en justice.
Κλίσις, Inclinaison.
Κλόνις, Ventre.
Κνίφος, Ortie.
Κόλουσις, Amputation, Mutilation.
254. Κονις, Poussière, Cendre.
Κόρις, Punaise, Ver puant.
Κόσμησις, Ornement.
Κούφισις, Soulagement.
Κρᾶσις, Mixtion, Température
Κράστις, Gazon.
Κρίσις, Jugement, Sentence.
Κτῆσις, Possession, Jouissance.
Κτίσις, Création, Créature.
Κύμινδις, Chouette.
255. Κύπασσις, Voile de femme.
Κύφωσις, Courbure.
Κώλυσις, Obstacle, Empêchement.
Λάμψις, Splendeur, Lumière.
Λάξις, Sort, Portion.
Λάχεσις, Part, Partage.
Λεῖψις, Abandon.
Λέξις, Expression, Locution.
Λῆξις, Volonté, Résolution.
Λῆτις, Oubli.
356. Λόχησις, Embuscade.
Λύτρωσις, Rachat, Délivrance.
Λώβευσις, Outrage, Insulte.
Μάθησις, Instruction.
Μάλαξις, Amolissement.
Μάρανσις, Flétrissure.
Μέγαρσις, Envie, Haine.
Μέθεξις, Participation.

EXERCICES SUR LES NOMS PRÉCÉDENTS AVEC PRÉPOSITIONS (1).

Acc. (εἰς ou ἐς; latin, *in*, *ad* et même *adversùs*). Chez Démosthène. Hymne à la vertu. Accusation contre le peuple. Aux yeux des Grecs. En public. En récompense de la guérison. En possession du testament. En condamnation du voleur. L'attaque contre les ennemis. Aux pieds du monarque. A l'avantage des citoyens. Contre l'opinion du héros. Une agitation fréquente dans la ville.

Acc. (Ἀνά, par; latin, *per*). A travers la Grèce. Pendant le cours de la guerre. En remontant le fleuve. Au bout d'un temps, avec le temps. Pendant l'expédition. A travers le camp des ennemis. Pendant la convalescence du malade. Pendant la séance. Au bout de deux jours. A travers les montagnes et les forêts. Pendant la délibération. Pendant l'éclipse de la lune.

(Διά. Gén. par, à travers, entre). A travers la place publique. Pendant toute la nuit. Après longtemps. Pendant la chaleur de l'été et le froid de l'hiver. A travers le feu. Pendant la lecture de la loi. Par vengeance, par fraude, par injustice. Pendant l'agitation fréquente de la foule. A travers les arbres de la maison de campagne. Au milieu de l'épanchement de la joie.

(Διά. *Acc.* A cause de; latin, *ob*, *propter*). A cause de l'arrivée des oiseaux. Par le bannissement des princes. Par la vanité de l'orateur. A cause des mauvais traitements des bêtes féroces. A cause des attaques des ennemis de la patrie.

(1) Voir Burnouf, § 372 et suiv.

Imp. E. Dézairs, à Blois.

N° 15.

ENSEIGNEMENT MUTUEL.

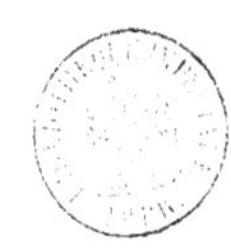

MÉTHODE GRECQUE.

NOMS CONTRACTES DE LA TROISIÈME DÉCLINAISON.

Règles générales de contraction :		
ιο se change en ου	εα se change en η	Acc. pluriel, εα se change en ει.
ιι en εῖ	εων en ων	N. V. Acc. Duel, εε en η.
ιε en εῖ	εοιν en οιν	

NOMS FÉMININS SUR Πόλις. GÉN. ιος, εος, εως.

Μελανωσις, Noircissure, Tache.
Μέλησις, Soin.
257. Μετάθεσις, Transposition, Changement.
Μετάληψις, Changement, Allégorie.
Μετάπτωσις, Révolution, Changement.
Μέταρσις, Transport, Transportation.
Μετρησις, Mesurage.
Μετρόπολις, Métropole, Capitale.
Μίμησις, Imitation.
Μίξις, Mixtion, Mélange.
Μύκησις, Mugissement.
Μώρωσις, Ineptie, Folie.
258. Νέμεσις, Indignation, Vengeance.
Νέμησις, Distribution, Partage.
Νεῦσις, Natation.
Νῆψις, Sobriété.
Νόμισις, Croyance, Religion.
Νουθέτησις, Avertissement.
Ξενότασις, Auberge, Hotellerie.
Ξύλωσις, Charpente, Boiserie.
Ξύσις, Démangeaison.
Ξύστασις, Établissement.
259. Οἴδησις, Tumeur, Gonflement.
Ολόφυρσις, Lamentation, Pleurs.
Ομηγυρις, Rassemblement, Foule.
Ομοίωσις, Comparaison.
Ονείρωξις, Songe.
Ονοσις, Blâme, Reproche.
Ορασις, Vue.
Ορεξις, Convoitise, Appétit.
Ορθομαντις, Vrai prophète.
Ορμίσις, Abord, Mouillage.
260. Οφλησις, Dette.
Οψις, Vue, Spectacle.
Παίδευσις, Instruction, Éducation.
Πανήγυρις, Réunion, Panégyrique.
Παράβασις, Prévarication.
Παραίνεσις, Exhortation, Conseil.
Παρακρόασις, Désobéissance.
Παράλυσις, Relâchement.
Πάρδαλις, Panthère.
Πάρενθεσις, Intercallation, Parenthèse.
261. Πάρεσις, Paralysie.
Παρευρέσις, Subterfuge.
Παροίκησις, Habitation voisine.
Παῦσις, Repos, Soulagement.
Πεῖσις, Persuasion.
Πέμψις, Envoi.
Περίλεξις, Circonlocution.
Πευσις, Demande, Question.
Πίεξις, Pression.
Πίστις, Croyance, Foi.
262. Πιστωσις, Preuve, Justification.
Πλεῦσις, Navigation.
Πνεῦσις, Souffle, Vent.
Πόνησις, Travail, Peine.
Πόρθησις, Saccagement, Pillage.
Πόσις, Époux, Mari.
Πρᾶξις, Action, Ouvrage.
Πράυνσις, Adoucissement.
Πρῆξις, Utilité, Profit.
Προαίρεσις, Résolution.
263. Πρόγνωσις, Connaissance de l'avenir.
Πρόθεσις, Proposition.
Πρόκλησις, Provocation.
Πρόληψις, Préjugé, Présomption.
Πρόπολις, Entrée de la ville.
Προσέλευσις, Approche.
Προσέξις, Attention, Exactitude.
Πρόσκλησις, Exhortation.
Πρόσοψις, Aspect, Visage.
Πρόσραξις, Conflit, Choc.
264. Πρόταξις, Bataille rangée.
Πρόφασις, Sujet, Occasion.
Πρόχυσις, Libation.
Πτέρυξις, Battement d'ailes.
Πτέρωσις, Plumage.
Πτύσις, Crachement.
Πτῶσις, Chute, Ruine.
Πύστις, Interrogation.
Πύρεξις, Fièvre.
Πώρωσις, Endurcissement du cœur.
265. Ῥάβδωσις, Rayure.
Ῥάχις, Épine du dos.
Ῥάψις, Raccommodage.
Ῥέγξις, Ronflement.
Ῥεῦσις, Écoulement.
Ῥῆσις, Parole, Sentence.
Ῥίζωσις, Pousse des racines.
Ῥύσις, Délivrance, Rachat.
Ῥῶσις, Affermissement, Force.
Ζάξις, Charge.
266. Σβέσις, Extinction.
Σεβασις, Vénération, Adoration.
Σήμανσις, Drapeau, Étendard.
Σημείωσις, Observation, Remarque.
Σίξις, Sifflement.
Σιτήσις, Nourriture.
Σκέψις, Méditation, Examen.
Σκῶψις, Raillerie mordante.
Σοῦσις, Mouvement rapide.
Σπάθησις, Prodigalité.
267. Σάνις, Manque, Disette.
Σπεῖσις, Effusion.
Στάσις, Pause, Station.
Στείρωσις, Fertilité.
Συγγένησις, Conférence, Entrevue.
Σύγκαυσις, Combustion.
Σύγκυσις, Choc, Collision.
Σύγκυσις, Confusion, Désordre.
Σύλησις, Pillage, Spoliation.
Σύμμιξις, Mélange.
268. Συμπτωσις, Accident, Événement.
Συναίρεσις, Abréviation, Contraction.
Συναλλαξις, Commerce.
Συνελευσις, Rassemblement.
Συνέσις, Union, Jonction.
Σύνθέσις, Dissolution, Synthèse.
Συνοίκησις, Communauté.
Σύνοψις, Tableau synoptique.
Σύνταξις, Imposition, Contribution.
Συνώθησις, Resserrement.
269. Σύρραξις, Conflit.
Σύσκιασις, Ombrage.
Σύστασις, Établissement.
Σφαίρισις, Jeu de balle.
Σφύξις, Palpitation de cœur.
Σχῆσις, Situation, Rapport.
Σωματωσις, Corpulance.
Σώρευσις, Accumulation.
Σωφρόνισις, Conseil, Exhortation.
Τάλασις, Patience, Souffrance.
170. Τάξις, Ordre, État.
Τάραξις, Trouble, Sédition.
Τάσις, Effort.
Τέκμαρσις, Explication, Interpellation.
Τέρψις, Délectation, Plaisir.
Τεῦξις, Préparatif, Apprêt.
Τῆξις, Langueur, Marasme.
Τήρησις, Garde, Protection.
Τίσις, Peine, Punition.
Τλῆσις, Patience, Résignation.
271. Τμῆσις, Division, Séparation.
Τρίψις, Frottement.
Τρύσις, Affliction.
Τρῶσις, Coup, Plaie.
Τύξις, Appareil, Armement.
Τύρσις, Rempart, Retranchement.
Ὕβρις, Injure, Insulte.
Ὕβωσις, Bosse, Courbure.
Ὑγίανσις, Guérison, Convalescence.
Ὑδεριασις, Hydropisie.
272. Ὑδρευσις, Irrigation.
Ὕλις, Bois, Broussaille.
Ὕννις, Soc de charrue.
Ὑπαγόρευσις, Dictée, Avis.
Ὑπαλυξις, Évasion.
Ὕπαρξις, Biens, Existence.
Ὕπειξις, Soumission, Obéissance.
Ὑπέρεισις, Étai, Appui.
Ὑπέρελυσις, Transport, Délai.
Ὑπέρξεσις, Effervescence excessive.
273. Ὑπερόρασις, Mépris.
Ὑπέρφασις, Discours outré.
Ὑποβλέψις, Regard menaçant.
Ὑπόδειξις, Démonstration, Avis secret.

EXERCICES SUR LES NOMS PRÉCÉDENTS AVEC PRÉPOSITIONS (1).

(Κατά, à, dans, contre, sur, etc. Gén.) Contre le vrai prophète. Sous terre. Du haut de l'Olympe. Contre les rois et les princes. Du haut du château-fort. Du haut de la montagne. Sous la table. Contre le meurtrier. Contre la prodigalité. Sous les ombrages du jardin. Sous un voile de femme. Contre la création. Contre le mari. Du haut de la maison.

(*Acc.* Κατά, en, par, sur, pendant, chez; en latin, *ad*, *per*, *apud*.) En oubli du jugement. En préparatifs de guerre. En connaissance de l'avenir. Par haine de la prévarication. Par convoitise du profit. Par endurcissement du cœur. A souhait. A plaisir. Sur terre. Sur l'éducation. Par circonlocution. Pendant le ronflement de l'échanson. Pendant le mouvement rapide de la panthère. Chez l'époux. Chez le père et la mère de l'enfant. Ville par ville.

(Ὑπερ, sur, de, touchant; latin, *super*, Gén.) Sur nos têtes. Pour la patrie. Touchant le pillage. Touchant la sédition. *Acc.* Par-dessus la maison. Par-dessus la montagne. Au-dessus de la moitié des citoyens. Au-dessus du nombre des soldats.

(Μετά, avec.) Avec persuasion. Avec exemen de la cause. Avec les sifflements des serpents. Avec raillerie mordante. *Acc.* Après un jour. Pendant le jour. Entre les mains. Après deux mois. Après l'entrevue des deux généraux. Entre la vie et la mort. Entre les deux montagnes. Entre les griffes du lion. Après la dissolution des troupes.

(1) Voir Burnouf, § 372 et suiv.

Imp. E. Dézairs, à Blois.

N° 16.

ENSEIGNEMENT MUTUEL.

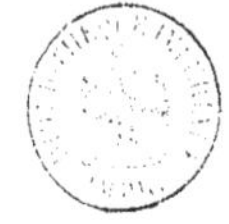

MÉTHODE GRECQUE.

NOMS CONTRACTES DE LA TROISIÈME DÉCLINAISON.

Règles générales de contraction :

εο se change en ου	εα se change en η	Acc. pluriel, εα se change en ει.
εϊ en ει	εων en ων	N. V. Acc. Duel, εε en η.
εε en ει	εοιν en οιν	

NOMS FÉMININS SUR Πόλις. GÉN. ιος, εος, εως.

Ὑπόδεξις, Réception, Accueil.
Ὑπόκρυψις, Dissimulation.
Ὑπολείψις, Délaissement.
Ὑποληψις, Opinion, Soupçon.
Ὑπόλυσις, Solution, Résolution.
Ὑπονόθευσις, Séduction, Corruption.
274. Ὑποπέρτωσις, Achèvement, Perfection.
Ὑπόπτωσις, Génuflexion, Humiliation.
Ὑπόστασις, Union, Adhésion.
Ὑπόσχεσις, Promesse, Déclaration.
Ὑποτύπωσις, Modèle, Original.
Ὑπότυψις, Amorce, Aiguillon.
Ὑπουρλησις, Ministère, Office.
Ὑποχώρησις, Départ, Éloignement.
Ὑφαίρεσις, Soustraction, Diminution.
Ὑφεσις, Modestie, Retenue.
375. Ὑφόρασις, Soupçon, Défiance.
Φανέρωσις, Manifestation, Déclaration.
Φάντασις, Spectre, Fantôme.
Φάρμαξις, Cure, Traitement.
Φάσις, Bruit, Renommée.
Φεῦξις, Fuite.
Φθίσις, Maigreur.
Φιλίωσις, Conciliation.
Φλέξις, Embrasement, Incendie.
Φοίνιξ, Rougeur.
376. Φοίτησις, Fréquentation.
Φόλλις, Sac, Obole, Bourse.
Φράσις, Phrase, Expression.
Φρενιτίασις, Frénésie, Délire.
Φρένωσις, Avertissement, Réprimande.
Φρόνησις, Prudence, Sagesse.
Φρόνις, Ruse, Intelligence.
Φρόντισις, Pensée, Méditation.
Φρούρησις, Sentinelle, Vedette.
Φύσις, Génération, Nature.
377. Φύτευσις, Plantation.
Χαλάζωσις, Tumeur.
Χάλασις, Relâchement.
Χαράχωσις, Retranchement.
Χάσις, Privation.
Χείρωσις, Prise, Conquête.
Χήρωσις, Dévastation, Privation.
Χῆτις, Pénurie, Disette.
Χλωρίασις, Verdeur, Pâleur.
Χρῆσις, Jouissance, Autorité.
278. Χρῶσις, Teinture.
Χύσις, Fonte, Fusion.
Χώρισις, Séparation.
Ψεῦσις, Mensonge.
Ψίσις, Morcellement.
Ψόφησις, Bruit, Son, Sifflement.
Ψύξις, Rafraîchissement.
Ψύχωσις, Animation, Excitation.
Ὠφέλησις, Utilité, Secours.

EXERCICES SUR LES NOMS PRÉCÉDENTS AVEC PRÉPOSITIONS.

(Περί et αμφί, Gén.). Du dévouement pour la patrie. Au discours sur la couronne. Des exhortations touchant la vertu. A l'estime pour son roi. De l'amour pour sa patrie. L'amour de l'historien pour la science. *Dat.* La crainte pour la vie du père et des enfants. Aux environs de Thessalie. Vers ce temps-là. Un crime envers Dieu, les anges et les hommes. Une description de la contrée. L'histoire sur les animaux. Un écrit sur les astres. Ce qui concerne la guerre. Les gens d'Alexandre.

(Επί, *Gén.*). En temps de guerre. En présence du peuple. Sur terre. Sur mer. En présence de l'assemblée. En présence des brigands. En temps de paix. De la fuite en Grèce. A la fuite en Égypte. Un mouvement rapide de l'armée vers le fleuve. *Dat.* A terre. A condition. Outre le mensonge du coupable. Outre l'incendie du temple. *Acc.* La marche des soldats vers les remparts de la ville. Les défenses contre les ennemis. Pendant deux jours. A droite, à gauche.

(Παρά, *Dat.*). Auprès du roi, chez le roi. Chez les parents du jeune homme et de la jeune fille. *Gén.* De chez le roi, de par le roi, d'auprès du roi. De chez le père de famille. D'auprès de la grand'mère. D'auprès de la sentinelle. *Acc.* Le trajet par la mer Icarienne, pendant la vie, contre toute attente. Le passage par la ville de Rome.

(Πρός, *Gén.*). Ce qui vient de Dieu, ce qui vient des hommes. Nos parents. Du côté du nord. *Dat.* Les enfants dans les bras de leurs mères. Les vieillards au milieu des flammes. *Acc.* La route vers le bien. Du penchant vers le mal. De l'exhortation au travail. Les retranchements contre le choc de l'ennemi. Une expédition contre les barbares. Les châteaux-forts, obstacle contre les agitations fréquentes des habitants de la ville.

(Υπό, *Gén.*, *Dat.*). Au son de la cithare et du luth. Au pied du mont Pélion. *Acc.* L'arrivée des ennemis sous les murs de la ville de Rome. Vers le même temps, vers les mêmes jours. Près du village. *Gén.* Par la voix du héraut. Par inexpérience. Par utilité. Par la disette des vivres.

EXERCICES GRECS SUR LES DÉCLINAISONS.

1. Ἡ δόξα Κικέρωνος του ῥήτορος.
2. Λεωνίδῃ τῳ βασιλεῖ τῶν Λακεδαιμονίων.
3. Ἄνθρωπος ἐστι (est) παίγνιον τῆς τύχης.
4. Ἡ παιδεια ἐστι σωφροσυνη τοῖς νέοις.
5. Φίλος καταφυγή τῆς δυστυχίας.
6. Ταῖς κτήσεσι τῆς ἀρετης.
7. Ἡ παιδεία κόσμος, εν ταῖς ευτυχιαῖς.
8. Ἡ εὐσεβεια ἡγεμων τῆς ἀρετης.
9. Ὁ λόγος εἴδωλον τῆς ψυχῆς.
10. Ὁ οἶνος κάτοπτρον τοῦ νοῦ.
11. Ἡ τυραννίς ἐστι μήτηρ τῆς ἀδικίας.
12. Ὁ δειλός προδότης πατρίδος.
13. Ὁ χρόνος ἐστι τοῖς ἀνθρωποις βάσανος τοῦ ἤθοῦς.
14. Οἱ νόμοι εἰσί ψυχή πολεως.
15. Ὁ κάματος θησαυρός ἐστιν.
16. Ἡ ἀρετὴ πλοῦτός ἐστιν.
17. Αἱ ελπίδες τῶν ἀνθρωπων ὄνειροι εἰσίν.
18. Αρχὴ σοφίας φόβος Κυρίου.
19. Ὑγίεια ὁ μισθὸς τῆς ἐγκρατείας.
20. Ἡ περί τὸν θεὸν εὐσέβεια ὁδὸς εις σωτηρίαν.
21. Ἡ ὀργὴ καί ἡ ἀσυνεσια, δύω κακω εἰσίν.
22. Εὐωδία καί μῦρον λυψίν αἰτία θανατου.
23. Ταῖς γυναιξί κόσμον ἡ σιγή.
24. Πάτερ καί μήτερ, ἡμῖν (à nous) καί θεοι ἐστέ (vous êtes).
25. Σκιάς πάροδος ὁ βίος ἡμων (de nous).
26. Τό δῶρον τοῦ Νεῖλου ἡ Αἴγυπτος.

Imp. E. Dézairs, à Blois.

N° 17.

ENSEIGNEMENT MUTUEL.

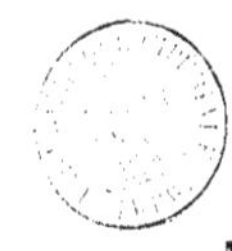

MÉTHODE GRECQUE.

NOMS CONTRACTES DE LA TROISIÈME DÉCLINAISON.

Règles générales de contraction :

εο se change en ου	εα se change en η	Acc. pluriel, εα se change en εις.
εϊ en ει	εων en ων	N. V. Acc. Duel, εε en η.
εε en ει	εοιν en οιν	

NOMS MASCULINS SUR Βασιλεύς. GÉN. εος, εως.

Ἀγρεὺς, Capitaine de chasse.
279. Ἀγχιστευς, Voisin, Parent.
Ἀγωγεύς, Conducteur, Guide.
Ἁλιεὺς, Pêcheur.
Ἁμαξεὺς, Charretier.
Ἀμφιφορεὺς, Amphore.
Ἀναβολεὺς, Écuyer.
Ἀναγραφεὺς, Écrivain.
Ἀναγωγεὺς, Aiguillette, Cordon.
Ἀνθρακεὺς, Charbonnier.
Ἀντιγραφεὺς, Contrôleur.
280. Ἀρχιερεὺς, Grand-Prêtre, Pontife.
Ἀχιλλεὺς, Achille.
Βαφεὺς, Teinturier.
Βοεὺς, Courroie, Câble.
Βραβεὺς, Juge, Arbitre.
Γαλιδεὺς, Chat, Petit chat.
Γναφεὺς, Foulon, Cardeur.
Γραμματεὺς, Secrétaire.
Γραφεὺς, Peintre.
Δρομεὺς, Coureur.
281. Ἡγεμονεύς, Conducteur, Commandant.
Ἡνιοχεύς, Cocher.
Ἱερεὺς, Prêtre, Aruspice.
Ἱππεὺς, Cavalier.
Κουρεὺς, Barbier.
Λυκιδεὺς, Louveteau.
Μωσεὺς, Moïse.
Νομεὺς, Pasteur, Législateur.
Ὀχεὺς, Lien, Cordon.
Ὀχλεὺς, Lévier, Poutre.
282. Πορθμεὺς, Nocher, Batelier.
Σκαφεὺς, Fossoyeur, Terrassier.
Συγγραφεὺς, Historien.
Φθορεὺς, Corrupteur, Séducteur.
Φονεὺς, Homicide, Meurtrier.
Χαλκεὺς, Forgeron, Serrurier.

DÉCLINEZ SUR ἰχθύς.

Masculins.

Ἀφὺς, Papa.
Ἀρκὺς, Filet, Réseau.
Βότρυς, Grappe de raisin.
Γέρυς, Vieillard.
283. Γηρυς, Voix, Son.
Θρῆνυς, Marche-pied, Escabeau.
Κράκυς, Sapin.
Μῦς, Souris, Rat.
Μῶλυς, Un ignorant, Un paresseux.
Νέκυς, Un mort.
Σίσυς, Habits épais, Mantelet.
Σκόλυς, Poil, Cheveux.
Σμινὺς, Hache, Cognée.
Στιβὺς, Voyageur.
284. Σῦς, Pourceau.

Féminins.

Ἀκοντιστὺς, Combat de javelot.
Ἄλυς, Inquiétude d'esprit.
Ἀρτύς, Amitié, Alliance, Contrat.
Ἀσπαστὺς, Salutation.
Ἀσταχὺς, Épi de blé.
Ἀχὺς, Brouillard, Ténèbres.
Βαβλητὺς, Jet.
Βρωτυς, Nourriture, Pâture.
Γελαστὺς, Ris, Rire.
285. Γένυς, Menton, Mâchoire.
Γέρυς, Vieillard.
Δαιτὺς, Festin.
Διωκτὺς, Poursuite.
Δρῦς, Chêne.
Ἔγχελυς, Anguille.
Εἶλυς, Limon, Boue.
Ἐριννὺς, Érinnys (furie).
Θεμιστὺς, Thémis (déesse de la justice).
Ἰξὺς, Les reins.
286. Ἰσχὺς, Force, Puissance.
Ἴτυς, Rond, Circonférence.
Κλειτὺς, Penchant d'une montagne.
Κόρθυς, Monceau, Élévation.
Λιγνὺς, Suie, Fumée, Flamme.
Μαστὺς, Recherche.
Νηδὺς, Ventre, Sein.
Ὀαριστὺς, Entretien, Fréquentation.
Ὀϊζύς, Malheur, Misère, Peine.
Ὀρχηστὺς, L'art de la danse.
287, Ὀσφρὺς, Les reins, Les flancs.
Ὀτρυντὺς, Sollicitation pressante.
Ὀφρὺς, Sourcil, Air hautain.
Πιτὺς, Fin.
Τανυστὺς, Extension, Prolongement (1).

EXERCICES GRECS SUR LES DÉCLINAISONS.

Du ventre du rat. De l'amitié de papa. Les inquiétudes d'esprit du charbonnier. De la mâchoire du vieillard. Devant la tête du pourceau. A la pâture de l'épervier. A la loi de Moïse. *Acc.* La hache du meurtrier. A la misère du pauvre. De l'escabeau du serviteur. En présence du peintre. Dans la barque du nocher. Sur les reins de l'éléphant. Sur les branches du chêne. Des ténèbres de la nuit. Les barbes de l'épi de blé. *Acc.* La colère d'Achille. Des chiens du capitaine de chasse. Les poils du petit chat. Aux brouillards du soir. Des écrits de l'historien. Les chevaux du courrier. Des brebis du pasteur. Du linceuil du mort. A l'image de la Vierge. *Acc.* Les drapeaux des légions. Des armes du cavalier. Aux poursuites des chasseurs. Au secrétaire du contrôleur Aux grappes de raisin. Des salutations du pontife. De l'autorité du législateur. Des appareils du pêcheur. A l'éloignement du conducteur. Par la ruse de la sentinelle. Après le discours outré de l'orateur. Par la pâleur du voyageur. Du délire des citoyens. Par la disette de vivres. De la promesse du teinturier. Sans le sifflement du serpent. Après les sollicitations pressantes du gardien. Des mensonges du faux témoin. La querelle du barbier. Au ministère du juge. *Acc.* Le monceau de sable du torrent impétueux. A la défiance de la sentinelle. A l'air hautain de l'insolent. Le penchant de la montagne. Du jet de la lumière. Du pin de la montagne. Les restes du festin.

EXERCICES SUR LES NOMS PRÉCÉDENTS AVEC PRÉPOSITIONS.

27. Πόνος εὐκλείας πατήρ.
28. Βροτοῖς ἡ συνείδησις θεός.
29. Ἡ παιδεία πρεσβυτέροις παραμύθια.
30. Οἱ φίλοι τῆς δυστυχίας παραμύθιον.
31. Ἐπί κορυφῇ τῆς ἄκρας Σουνίου (Sunium) ναός ἐστιν Ἀθηνᾶς.
32. Ἦν ἐν Ὀλυμπίᾳ ἄγαλμα Διὸς, Φειδίου (Phidias) ἔργον.
33. Ἡ φιλαργυρία ἐστι μητρόπολις τῆς κακίας.
34. Ὁ Λῖνος παῖς ἦν Ἑρμοῦ καί Μούσης Οὐρανίας.
35. Ἐν Ἔρυκι, πόλει τῆς Σικελίας, Ἀφροδίτης νέος ἐστίν.
36. Οἱ ὄφεις τὸν ἰὸν εν τοις ὀδοῦσιν ἔχουσιν (ont).
37. Οἱ ἀγαθοὶ (bons) ἄνδρες θεῶν εἰκόνες εἰσιν.
38. Πρόκνη εγενετο (devint) χελιδών, Φιλομήλα ἀηδὼν.
39. Οἱ ἄνακτες ἦσαν πρὸ τοῦ βασιλέως.
40. Φίλει (aime) παιδείαν, σωφροσύνην, φρόνησιν, ἀλήθειάν, οἰκονομίαν, τέχνην, ευσεβείαν.
41. Ὁ Πηγασος ἵππος ἦν πτηνος (ailé).
42. Οἱ Αἰγύπτιοι τὸν ἥλιον καί τὴν σελήνην θεοὺς ἐχον (avaient).
43. Ἄδωνις, ἔτι παῖς ὢν, Ἀρτέμιδος χολῳ, ἐν θήραις ὑπὸ συὸς επλήγη (fut blessé).
44. Σταγόνες ὕδατος πέτρας κοιλαίνουσιν (creusent).
45. Οἱ Φοινίκες τῳ Ηρακλεῖ ὄρτυγας ἔθυον (immolaient).
46. Οἱ Νομαδες τῶν Λιβύων οὐ ταῖς ἡμέραις, ἀλλὰ ταῖς νυξίν ἀριθμοῦσι (comptent).
47. Ἐν Βοιωτιᾳ δυο εἰσὶν ἐπίσημα (remarquables) ὄρη, τὸ μὲν Ελικὼν, τὸ δὲ Κιθαιρών.
48. Ξίφος τιτρώσκει (tue) σῶμα, τὸν δὲ νοῦν λόγος.
49. Κολάζονται (sont punis) ἐν ᾅδου πάντες οἱ κακοὶ (tous les méchants) βασιλεῖς, δοῦλοι, σατράπαι, πένητες, πλούσιοι.
50. Οἱ πολύποδες ελλοχῶσι (dressent des embûches) τοὺς ἰχθῦς.
51. Θεὸς ἑκάστῳ (à chacun) ὅπλον τι ἔνειμε (a donné), λέουσιν αλκὴν καί ταχυτητα, ταύροις κερατα, μελίσσαις κέντρα, ἀνδρί λόγον καί σοφιαν.

(1) Voir Burnouf, § 25 et suiv. pour les autres noms contractes.

Imp. E. Dézairs, à Blois.

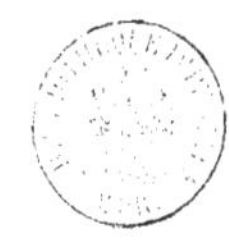

N° 18.

ENSEIGNEMENT MUTUEL.

MÉTHODE GRECQUE.

ADJECTIFS. — PREMIÈRE CLASSE, Féminin., α. — (Voir Burnouf, § 30.)

Ἁβρὸς, Mou, Délicat.
Ἀγελαῖος, Sociable, Commun.
Ἅγιος, Saint, Pur, Vénérable.
Ἀγοραῖος, Trivial, Vil.
Ἀγρεῖος, Paysan, Grossier.
288. Ἀγριμαῖος, Sauvage, Farouche.
Ἄγριος, Rustique, Inhumain.
Ἁδρος, Mûr, Robuste.
Ἀελλαῖος, Orageux, Impétueux.
Αἰδοῖος, Vénérable, Plein de respect.
Αἰσχρος, Difforme, Honteux.
Ἅλιος, Marin.
Ἀμαξιαῖος, Grand, Énorme.
Ἀμοιβαῖος, Alternatif, Mutuel.
Ἀμυδρὸς, Sombre, Imperceptible.
289. Ἀνάξιος, Indigne.
Ἀνθηρὸς, Fleuri, Agréable.
Ἀνθρώπειὸς, Humain.
Ἀντίβιος, Ennemi, Contraire.
Ἄξιὸς, Digne, Précieux.
Ἀραιὸς, Rare, Mince.
Ἀργαλεὸς, Fâcheux, Incommode.
Ἀργυρεῖος, Brillant, D'argent.
Ἀριστερὸς, Gauche, Sinistre.
Ἁρμόδιος, Convenable, Propre.
290. Ἀρχαῖος, Antique, Sot.
Ἄσιος, Limoneux.
Ἀσπάσιος, Agréable, Aimable.
Ἀστεῖος, Civil, Honnête, Poli.
Ἀτηρὸς, Nuisible, Funeste.
Αὖος, Sec, Aride, Aigu.
Αὐστερὸς, Apre, Austère.
Βαιὸς, Petit, Modique.
Βδελυρὸς, Impudent, Cynique.
Βέβαιος, Ferme, Stable.
291. Βέλτερος, Excellent, Meilleur.
Βίαιος, Violent, Outrageant.
Βλαβερὸς, Nuisible, Fatal.
Βλεδααρος, Mou, Flasque.
Βληχρὸς, Faible, Hébété.
Βλοσυρὸς, Terrible, Farouche.
Βοιώτιὸς, Béotien, Stupide.
Βολαῖος, Impétueux.
Βόρειος, Boréal, Septentrional.
Βορὸς, Glouton.

292. Βριαρὸς, Fort, Robuste.
Γαλερὸς, Serein.
Γαληναιὸς, Calme, Tranquille.
Γαυρὸς, Gai, Joyeux.
Γελοῖος, Plaisant!, Ridicule.
Γενναῖος, Bien-né, Noble.
Γηραιὸς, Vieux, Vieilli.
Γιγανταῖος, Gigantesque, Énorme.
Γλίσχρος, Visqueux, Sordide.
Γνήσιος, Vrai, Légitime.
293. Γυναικεῖος, De femme, Féminin.
Γυρὸς, Courbé, Rond.
Δάϊος, Hostile, Ennemi.
Δείλειος, Timide, Craintif.
Δεξιὸς, Droit, Heureux.
Δευτέρος, Secondaire.
Δήμιος, Populaire, Public.
Διερὸς, Mouillé, Trempé.
Δίκαιος, Juste, Équitable.
Διπλάσιος, Double.
294. Δυνηρὸς, Puissant.
Ἐάρτερος, Printanier.
Ἐλαφρὸς, Léger, Agile.
Ἐλεύτερος, Libre, Généreux.
Ἐνεὸς, Muet, Sourd.
Ἐνιαύσιος, Annuel, Solennel.
Ἐξαπίναιος, Subit, Imprévu.
Ἐπικάρσιος, Oblique.
Ἐρυθραῖος, Rouge.
Ἐτεὸς, Vrai.
295. Ἐχθρὸς, Odieux, Ennemi.
Ἐχυρὸς, Fortifié, Sûr.
Ζηλαῖος, Jaloux, Envieux.
Ζόφεος, Noir, Obscur.
Ζωηρὸς, Vivace.
Ἠβαιος, Petit.
Ἠριος, Haut, Élevé.
Ἠλεὸς, Sot, Fou, Niais.
Ἠλίθιος, Imbécile, Vain.
Ἤπιος, Doux, Clément, Facile.
296. Ἡσυχαῖος, Paisible, Lent.
Θαλερὸς, Verdoyant, Florissant.
Θαμβαλέος, Étonnant, Redoutable.
Θεῖος, Divin.
Θεσπέσιος, Merveilleux, Admirable.

Θιβρὸς, Rôti.
Θνηρὸς, Troublé.
Θολερὸς, Sale, Bourbeux.
Θοὸς, Vite, Prompt, Agile.
Θυραῖος, Absent, Étranger.
297. Ἴδιος, Propre, Privé.
Ἱλαρὸς, Heureux, Joyeux.
Ἴος, Seul, Un seul.
Ἵππειος, Équestre.
Ἰσαῖος, Égal, Semblable.
Ἰσάξιος, Équivalent.
Καταρὸς, Propre, Pur.
Καίριος, Opportun, Commode.
Κάρσιος, Oblique.
Καρτερὸς, Fort, Puissant.
298. Καρφαλέος, Aride.
Κιῤῥὸς, Jaune, Roux.
Κλαδαρος, Mobile, Fragile.
Κλεψιμαῖος, Dérobé, Furtivement.
Κλοπιμαῖος, Volé, Furtif.
Κνεφαῖος, Ténébreux, Obscur.
Κρατερὸς, Violent, Menaçant.
Κραῦρος, Aride, Brûlé.
Κρυπτάδιος, Caché, Clandestin.
Λαγαρὸς, Mou, Lâche.
299. Λαθρίδιος, Clandestin, Secret.
Λεῖος, Poli, Uni.
Λεπρὸς, Écailleux, Lépreux.
Λυγρὸς, Fâcheux, Affligeant.
Λυπηρὸς, Odieux, Douloureux.
Μάκαριος, Heureux.
Μακρος, Long, Profond.
Μαλερὸς, Enflammé, Pernicieux.
Μαψίδιος, Vain, Inutile.
Μεγαλεῖος, Sublime, Magnifique.
300. Μειλίχρὸς, Doux, Gracieux.
Μελετηρὸς, Exercé.
Μελιχρὸς, Doux, Emmiellé.
Μεμπτέος, Coupable, Inculpé.
Μετέωρος, Haut, Élevé.
Μέτριος, Modéré, Médiocre.
Μικρὸς, Petit, Peu important.
Μοιρίδιος, Fatal.
Μουσεῖος, Musical.

Μυριὸς, Infini, Innombrable.
301. Μυσαρὸς, Abominable, Exécrable.
Μωρος, Insensé, Extravagant.
Νεαρὸς, Récent, Jeune.
Νηπύτιος, Nigaud, Niais.
Νόμιος, Pastoral, De berger.
Νύχιὸς, Nocturne.
Νωτρὸς, Tardif, Lent.
Ξένιος, Hospitalier.
Ξηρὸς, Sec, Aride.
Οἰκεῖος, Familier, Compatriote.
302. Οἰκτρος, Pitoyable, Attendrissant.
Οἰνηρος, De vin, Vineux.
Ὄρθιος, Droit, Escarpé.
Ὄρθριος, Matinal.
Οὐράνιος, Céleste.
Πάγιος, Fixe, Ferme, Stable.
Παιώνιὸς, Médicinal.
Παλαιὸς, Antique.
Παλαμναῖος, Scélérat.
Πανάθλιος, Très malheureux.
303. Πειναλέος, Affamé.
Πέλειος, Noirâtre, Livide.
Πενιχρὸς, Pauvre, Indigent.
Πηρὸς, Estropié.
Πικρὸς, Amer.
Πλήσιος, Proche, Parent.
Πλοκερος, Tissu', Entrelacé.
Ῥαγδαῖος, Impétueux, Violent.
Ῥαδιὸς, Facile, Aisé.
Ῥοδαρος, De rose, Vermeil.
304. Ῥυσσαλέος, Ridé, Flétri.
Ῥωγαλέος, Fendu, Déchiré.
Ῥωμαλέος, Fort, Vigoureux.
Σαθρὸς, Pourri, Gâté.
Σιγαλέος, Silencieux.
Σκιερὸς, Ombragé, Opaque.
Σκληρὸς, Dur, Pénible.
Σκληφρὸς, Maigre, Desséché.
Σκότιος, Obscur, Ténébreux.
Σποδιὸς, Cendré.
305. Σπουδαῖος, Zélé, Actif.
Στενυγρὸς, Étroit, Resserré.
Στερεὸς, Épais, Massif.
Στυγερὸς, Odieux, Horrible.
Σφαλερὸς, Glissant, Inconstant.
Σφοδρὸς, Véhément, Vif.

Σχέτλιος, Malheureux, Misérable.
Σχολαῖος, Oisif, Lent, Tardif.
Σῶος, Sain et sauf, Entier.
Ταρταρεῖος, Infernal.
306. Ταρφεῖος, Dru, Épais, Fréquent.
Ταφήϊος, Funéraire, Funèbre.
Τέθμιος, Légitime, Nécessaire.
Τελειὸς, Parfait, Entier.
Τελευταῖος, Dernier.
Τελματιαῖος, Marécageux, Bourbeux.
Τεφρὸς, Couvert de cendre.
Τηΰσιος, Vain, Inutile.
Τίμιος, Honorable, Cher.
Τινθαλέος, Chaud, Bouillant.
307. Τολμηρὸς, Audacieux, Fier.
Τομαῖος, Coupé, Rasé.
Τραφερὸς, Nourrissant, Nutritif.
Τυχηρὸς, Fortuit.
Ὑγρὸς, Humide, Mouillé.
Ὑέτιος, Pluvieux.
Ὑπαυστερὸς, Un peu austère.
Ὑπεναντίος, Opposé, Ennemi.
Ὑπεραστεῖος, Aimable.
Ὑπερόπτίος, Superbe, Fastueux.
308. Ὕστερος, Postérieur, Inférieur.
Φάλιος, Blanc.
Φαναῖος, Brillant, Pur.
Φανερὸς, Visible, Clair.
Φαῦρος, Vil, Bas, Faible.
Φθονερὸς, Envieux, Jaloux.
Φιαρὸς, Luisant, Brillant.
Φίλιος, Ami, Bienveillant.
Φιλοτήσιος, Aimable.
Φλαῦρος, Méchant.
309. Χαλαρὸς, Lâche, Mou.
Χαλίκραιος, Pur.
Χείριος, Captif, Utile.
Χῆρος, Veuf, Indigent.
Χλωρὸς, Vert, Délicat.
Χόλιος, Irrité.
Χρηστήριος, Utile.
Ψαιδρὸς, Uni, Poli, Fin.
Ψιχρὸς, Grêle, Mince.
Ψυδρὸς, Faux, Supposé (1).

NOMS ET ADJECTIFS. (Exercice.)

Du chien glouton. Au vert du nord. Le choc impétueux et terrible. Du cavalier mou. De la jeune fille impudente. *Acc.* Le vieillard vénérable. La tête sinistre du monstre effroyable. Des tours utiles du château-fort. Au nectar délicieux. Des mets délicats des rois puissants. Les astres innombrables du ciel. Du char funèbre. Des malheurs de la pauvre veuve. Les fleurs de la corbeille élégante. Du trajet heureux du pilote. Des âpres sommets des montagnes voisines. De la couleur jaune du vêtement léger. *Acc.* La promptitude des troupes audacieuses.

Des fastueuses maisons des princes. A l'autorité absolue du despote. Les gigantesques édifices. Du jour fatal. Aux artifices du scélérat. Les sots discours du poète insolent. Des piqûres nuisibles du serpent. Les traits du redoutable ennemi. Les doux parfums des fleurs. Les blessures profondes. Du lion redoutable. L'arrivée fortuite de l'avantage inespéré. De la maladie nuisible. A la vengeance outrageante. De la douceur du miel excellent.

(1) On fera former les comparatifs et les superlatifs. (Voir Burnouf, § 38 et suiv.)

Imp. E. Dézairs, à Blois.

N° 19.

ENSEIGNEMENT MUTUEL.

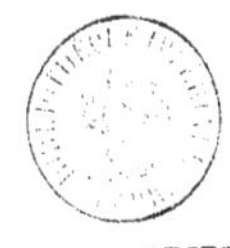

MÉTHODE GRECQUE.

ADJECTIFS. — PREMIÈRE CLASSE, Féminin., η. — (Voir Burnouf, § 30.)

310. Ἀγαθὸς, Bon, Brave.
Ἀγανὸς, Doux, Gracieux, Affable.
Ἀγαπητὸς, Cher, Aimable.
Ἀγαστὸς, Admirable, Merveilleux.
Ἀγκύλος, Recourbé, Tortu.
Ἁγνος, Pur, Chaste.
Ἀγριωτὸς, Effaré, Hagard.
Ἀγυρτικὸς., Faux, Artificieux.
Ἀήσυλος, Désagréable, Malfaisant.
Αἰθρινὸς, Matinal.
311. Αἱμακτὸς, Sanglant.
Αἰνικτὸς, Énigmatique, Obscur.
Αἰνος, Violent, Terrible, Brave.
Αἰόλος, Varié, Diversifié.
Αἰσχυντηλος, Honteux.
Ακαλὸς, Mou, Paisible.
Ακιδνὸς, Faible, Débile.
Αλγεινὸς, Douloureux, Pénible.
Ἀλτικὸς, Agile.
Ἀναγκαστὸς, Contraint, Forcé.
312. Ἀναιρετικὸς, Pernicieux, Mortel.
Ἀνθρωπινὸς, Humain.
Ἁπαλὸς, Délicat, Tendre.
Ἀπεργὸς, Paresseux.
Ἀργὸς, Blanc, Brillant.
Ἀρεστος, Agréable.
Αρμοστὸς, Convenable.
Ἀσμενὸς, Gai, Content.
Ἀταλὸς, Délicat, Tendre.
Αὐλικὸς, Courtisan.
313. Βαπτος, Teint, Coloré.
Βαρβαρικὸς, Barbare.
Βάρδιστος, Lent.
Βδελυκτὸς, Abominable, Exécrable.
Βλαισὸς, Boiteux, Infirme.
Βλαπτικὸς, Nuisible.
Βουλητὸς, Volontaire.
Γαγγραινικὸς, Gangréneux.
Γαμικὸς, Nuptial.
Γαμψὸς, Recourbé, Crochu.
314. Γαυσὸς, Tortu.
Γελαστὸς, Risible, Ridicule.
Γεννητὸς, Né, Mortel.

Γεωργικὸς, Champêtre.
Γλαυκὸς, Bleu, Azuré.
Γλυπτός, Sculpté, Orné.
Γναμπτὸς, Courbé.
Γνωτός, Connu, Ami.
Γοργὸς, Vif, Ardent.
Γρυπὸς, Aquilin, Crochu.
315. Γυιὸς, Boiteux, Estropié.
Γυμνός, Nu, Sans armes.
Δαιμονιακὸς, Surnaturel.
Δεικτικὸς, Démonstratif.
Δειλὸς, Timide.
Δεινός, Terrible, Formidable.
Δῆλος, Manifeste, Évident.
Δημοσιακός, Public.
Διπλοὸς, Double, Rusé.
Δολικὸς, Long.
316. Δοτικὸς, Libéral.
Δοχμὸς, Oblique, Sinueux.
Δυναμικὸς, Puissant, Efficace.
Δυναστικὸς, Impérieux, Tyrannique.
Δυσμικὸς, Occidental.
Ἐδεστὸς, Nourrissant.
Ἑδρανὸς, Stable.
Εἰρηνικὸς, Pacifique.
Ἐλεγκτὸς, Répréhensible.
Ἐλεεινὸς, Touchant, Attendrissant.
317. Ἐλεητικὸς, Compatissant.
Ἐλευθερικὸς, Libre.
Ἐξαγιστος, Très scélérat.
Ἐπιμελητικὸς, Soigneux.
Ἐραστος, Aimable, Agréable.
Ἐργαστικὸς, Laborieux.
Εσθλὸς, Vaillant.
Εὐρωπος, Ample, Spacieux.
Ζευκτὸς, Attelé.
Ζωὸς, Vif, Vivant.
318. Ζωτικὸς, Vivifiant, Animé.
Ἡδονικὸς, Voluptueux, Délicieux.
Ἠθικὸς, Moral.
Ἡρωϊκὸς, Héroïque.
Ἠχητικὸς, Retentissant.
Θαλπνὸς, Chaud, Brûlant.
Θαῤῥητικὸς, Confiant.
Θεατρικὸς, Théâtral.
Θεμιστὸς, Juste.

Θεραπευτικὸς, Officieux, Obligeant.
319. Θεριστὸς, Moissonné.
Θερμὸς, Chaud, Bouillant.
Θετὸς, Adoptif.
Θεωρητὸς, Visible, Apparent.
Θνητὸς, Mortel.
Θρυπτικὸς, Mou, Délicat.
Θυμικὸς, Colère.
Θωπευτικὸς, Flatteur.
Ἰάνθινος, Violet, Pourpré.
Ἰδανὸς, Beau.
320. Ἱδρυτὸς, Affermi.
Ἱκανὸς, Suffisant, Capable.
Ἴσος, Égal, Pareil.
Ἴταμος, Téméraire, Hardi.
Καταπτὸς, Lié, Noué.
Καινὸς, Nouveau, Inusité.
Κακὸς, Méchant, Pervers.
Καλλὸς, Beau, Honnête.
Καμπτὸς, Flexible.
Κεδνὸς, Sage, Prudent.
321. Κελαινὸς, Noir, Obscur.
Κεντρωτὸς, Percé.
Κερχνὸς, Rude, Rauque.
Κλεινὸς, Célèbre, Illustre.
Κνηκὸς, Jaune, Blanchâtre.
Κοῖλος, Creux, Profond.
Κοινὸς, Commun, Vulgaire.
Κραμβὸς, Brûlé, Rôti.
Κρυπτὸς, Clandestin, Furtif.
Κτηματικὸς, Riche, Opulent.
322. Κυκλικὸς, Rond, Circulaire.
Κυλλὸς, Boiteux.
Κυρτὸς, Courbé, Voûté.
Κωφὸς, Sourd, Stupide.
Λαλητικὸς, Babillard, Bavard.
Λαρινὸς, Gras.
Λεπτικὸς, Éloquent.
Λεπτὸς, Mince, Menu.
Λευκὸς, Serein, Clair.
Λιτὸς, Simple, Nu.
323. Λογιμὸς, Mémorable.
Λωβητὸς, Outragé, Insulté.
Μαλὸς, Chauve.
Μαλακὸς, Mou, Doux.
Μαλὸς, Tendre, Pernicieux.
Μανικὸς, Insensé, Furieux.

Μανὸς, Rare, Clair-semé.
Μαχιμὸς, Guerrier Belliqueux.
Μεθυστικὸς, Ivrogne.
Μέσος, Milieu, Neutre.
324. Μεστὸς, Plein, Rempli.
Μεταβολικὸς, Muable, Inconstant.
Μορφνὸς, Obscur, Ténébreux.
Μυστικὸς, Mystique, Mystérieux.
Ναυτικὸς, Naval.
Νεανικὸς, Fougueux, Violent.
Νεκρικὸς, Cadavéreux.
Νόθος, Altéré, Bâtard.
Νομικὸς, Légal, Légitime.
Νοσηματικὸς, Maladif, Malsain.
325. Ξανθὸς, Blond, Roux.
Ξενικὸς, Étranger, Barbare.
Ξηροβιωτικὸς, Terrestre.
Ξυστὸς, Poli, Rasé.
Ὀδυρτικὸς, Plaintif.
Οἰκιακὸς, Domestique.
Ὀλίγος, Petit.
Ὀλυὸς, Mortel, Pernicieux.
Ὅλος, Tout entier.
Ὀλοφυδνὸς, Déplorable, Lamentable.
326. Ὁμαλὸς, Uni.
Ὁμὸς, Semblable, Pareil.
Ὀνοστὸς, Blâmable, Répréhensible.
Ὀπιδνὸς, Respectable.
Ὀπτὸς, Visible.
Ὀρθὸς, Droit.
Οὖλος, Pernicieux.
Παθητικὸς, Paisible.
Παιδικὸς, Puéril.
Πανάθροος, Très épais.
327. Πατρικὸς, Paternel.
Παχυλὸς, Épais, Gros.
Πεζὸς, Fantassin.
Πελὸς, Noir, Brun.
Πενθικὸς, Lugubre, Funèbre.
Πέταλος, Jeune, Tendre.
Πευκαλιμὸς, Prudent, Avisé.
Πιθανὸς, Persuasif, Probable.
Πιστὸς, Digne de foi, Croyable.
Πλαγκτὸς, Errant, Vagabond.

328. Πνικτὸς, Suffoqué, Étouffé.
Ποθεινὸς, Désirable.
Πολεμικὸς, Guerrier, Militaire.
Πρακτικὸς, Actif.
Πτερυγωτὸς, Ailé.
Πωρὸς, Aveugle.
Ῥαδαλὸς, Tendre, Délicat.
Ῥαδινὸς, Agile, Mobile.
Ῥευστὸς, Fluide, Ruisselant.
Ῥικνὸς, Vieux, Cassé.
329. Ῥυσσὸς, Ridé, Vieux.
Σαπρὸς, Pourri, Vermoulu.
Σαυλὸς, Indolent, Fainéant.
Σεμνὸς, Vénérable, Auguste.
Σιγηλὸς, Silencieux, Muet.
Σικχὸς, Dégoûté.
Σιμὸς, Creux, Concave.
Σιφλὸς, Difforme.
Σιφνὸς, Vide.
Σκελετὸς, Aride, Desséché.
330. Σκνιφὸς, Avare, Sordide.
Σκοτεινὸς, Ténébreux, Obscur.
Σκωπτικὸς, Mordant, Railleur.
Σοφὸς, Sage, Prudent.
Στενὸς, Étroit.
Στρυφνὸς, Aigre, Acide.
Στυφελὸς, Dur, Rude.
Σφακτὸς, Égorgé, Massacré.
Σωματικὸς, Corporel.
Ταναὸς, Long, Aigu.
331. Ταριχευτὸς, Salé, Confit.
Τευκτὸς, Fabriqué, Construit.
Τρυφηλὸς, Efféminé, Voluptueux.
Τρωτὸς, Blessé.
Τυφλὸς, Aveugle, Ignorant.
Ὑγιεινὸς, Salubre, Salutaire.
Ὑψηλὸς, Haut, Élevé.
Φαεινὸς, Brillant, Luisant.
Φαῦλος, Vil, Léger.
Φθαρτὸς, Corrompu.
332. Φιλικὸς, Amical.
Φιλοτιμὸς, Ambitieux.
Φοβητικος, Formidable.
Φυσικὸς, Naturel, Physique.
Χρηστος, Utile.
Χωλὸς, Boiteux, Défectueux.
Ψεδνὸς, Chaud.
Ὠμὸς, Cru, Vert (1).

NOMS ET ADJECTIFS. (Exercice.)

De la teinture jaune du vêtement. De la cuirasse de l'athlète prudent. Des dépouilles funèbres de l'habitant de la montagne. A l'aliment vivifiant. A l'orgueil injuste. Du vrai bonheur. Des coups du taureau furieux. A la chouette brune. *Acc.* La proclamation tyrannique du questeur. *Acc.* La morsure du serpent affamé. De la tête chauve du maître. Les emplettes utiles de la grand'mère. Du lit nuptial. A l'aimable convive. Des pernicieux remèdes. Des maximes ridicules de l'orateur ambitieux. A la querelle insensée. De la blancheur de la glace unie. Aux mauvais desseins du fantassin stupide et lâche. *Acc.* Les profonds soupirs du jeune homme. A la loi juste. Du passage du courtisan voluptueux. Au petit enfant obligeant. De la longue cheville de bois. Du poignard formidable. Des fourberies clandestines. Le bout de l'oreille de l'âne paresseux. Au son retentissant du tambour. A la figue douce. Aux médicaments salutaires. De la queue de la tendre brebis. *Acc.* Les faux témoignages du juge. O riche plaine.

(1) On fera former les comparatifs et les superlatifs. (Voir Burnouf, § 38 et suiv.)

Imp. E. Dézairs, à Blois.

Nº 20.

ENSEIGNEMENT MUTUEL.

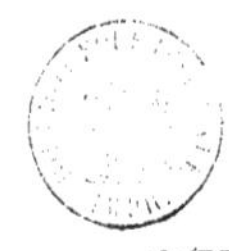

MÉTHODE GRECQUE.

ADJECTIFS. — PREMIÈRE CLASSE, MASCULIN et FÉMININ., ος. NEUTRE, ον.

Ἄβατος, Inaccessible, Impraticable.

Ἀβέβαιος, Incertain.

333. Ἄβιος, Faible, Sans ressource.

Ἀβοήθητος, Abandonné, Incurable.

Ἄβροχος, Sec, Sans eau.

Ἄβυσσος, Très profond.

Ἄγνωστος, Inconnu.

Ἀδαμάντινος, Très dur, Inexpugnable.

Ἀδάμαστος, Indompté, Indomptable.

Ἀδηφάγος, Grand mangeur, Insatiable.

Ἄδηλος, Incertain, Inconnu.

Ἀδιατύπωτος, Informe.

334. Ἄδικος, Injuste.

Ἀδόλεσχος, Causeur, Bavard.

Ἀδούλωτος, Libre.

Ἀδύνατος, Impossible.

Ἀήττητος, Invincible.

Ἀθάνατος, Immortel, Impérissable.

Ἀθέατος, Invisible.

Ἀθόρυβος, Calme, Sans bruit.

Ἄθυμος, Découragé, Lâche.

Αἰσθητος, Sensible.

335. Αἰμάλωτος, Prisonnier de guerre.

Ἄκαιρος, Intempestif.

Ἄκαρπος, Stérile, Infertile.

Ἄκλητος, Non invité.

Ἀκουσιος, Involontaire.

Ἄκρατος, Pur. Sans mélange.

Ἀκύμαντος, Calme.

Ἀληθινος, Vrai, Naturel.

Ἀλιτήριος, Infâme.

Ἄλκιμος, Fort, Brave.

336. Ἀλλόφυλος, Étranger, Exotique.

Ἀλόγιστος, Inconsidéré, Irréfléchi.

Ἄλογος, Déraisonnable.

Ἄμεμπτος, Irréprochable.

Ἄμετρος, Démesuré, Excessif.

Ἀμίμητος, Inimitable.

Ἄμισθος, Gratuit, Sans récompense.

Ἀμύθητος, Inexprimable.

Ἀμφίβολος, Ambigu, Équivoque.

Ἀμφίῤῥοπος, Incertain.

337. Ἄμωμος, Irrépréhensible.

Ἀναίσθητος, Insensible.

Ἀνάκωλος, Court, Petit.

Ἀναμάρτητος, Innocent.

Ἀνάπλεος, Plein, Rempli.

Ἀνάστατος, Ravagé, Exilé.

Ἀνεκτος, Tolérable, Supportable.

Ἀνήλιος, Ténébreux.

Ἀνήμερος, Inculte, Sauvage.

Ἀνοήτος, Irréfléchi, Déraisonnable.

338. Ἀντίπαλος, Ennemi, Adversaire.

Ἄνυδρος, Aride.

Ἀνύποιστος, Insupportable.

Ἀξιόλογος, Remarquable.

Ἀοίκητος, Inhabitable.

Ἀπαίδευτος, Ignorant, Grossier.

Ἄπειρος, Infini, Immense.

Ἄπιστος, Incroyable, Incrédule.

Ἄπλατος, Nombreux, Extraordinaire.

Ἀπλήρωτος, Insatiable.

339. Ἀπόῤῥητος, Défendu, Secret.

Ἄπρακτος, Sans force, Inefficace.

Ἀπροσδόκητος, Inopiné, Inattendu.

Ἄῤῥωστος, Faible, Malade.

Ἄσημος, Insignifiant, Inconnu.

Ἄσκητος, Exercé, Travaillé.

Ἄσπορος, Cultivé, Stérile.

Ἀστεῖος, Gracieux, Élégant.

Ἀσώματος, Incorporel.

Ἄσωτος, Dissipateur, Débauché.

340. Ἀτάσθαλος, Méchant, Pernicieux.

Ἄτοπος, Inconvenant, Sot.

Ἄτρεπτος, Immuable, Intrépide.

Ἄτρωτος, Invulnérable.

Αὐτόνομος, Indépendant.

Ἄφθογγος, Muet.

Ἄφθονος, Abondant. Riche.

Ἀφύλακτος. Qui n'est pas sur ses gardes.

Ἀχάριστος, Ingrat.

Ἄχρηστος, Inutile.

341. Βαθύπλουτος, Très riche.

Βάρβαρος, Étranger, Barbare.

Βασίλειος, Royal.

Βάσκανος, Envieux.

Βέβαιος, Ferme, Durable.

Βρωτος, Bon à manger.

Βυκτος, Misérable.

Βωμολοχος, Empire, Criminel.

Γελωτοποιος, Bouffon.

Γνώριμος, Connu, Célèbre.

342. Γραφικος, Habile en peinture.

Γυμνικος, Gymnique.

Γυμνος, Dépouillé.

Δαιμόνιος, Divin.

Διαβόητος, Divulgué, Célèbre.

Διαλευκος, Mêlé de blanc.

Διαλιθὸς, Enrichi de pierreries.

Δίαμμος, Sablonneux.

Διάπυρος, Brûlant.

Διάφορος, Différent, Distingué.

343. Διάχρυσος, Bordé d'or, Doré.

Δίδυμος, Double, Jumeau.

Δίμορφος, Qui a deux formes.

Δισσος, Double.

Δυσείσβολος, Inexpugnable.

Δυσέλικτος, Inextricable.

Δυσκατανόητος, Inintelligible.

Δύσμαχος, Redoutable.

Δυσοίκητος, Inhabitable.

Δύσπορος, Impraticable, Dangereux.

344. Δύστηνος, Misérable, Malheureux.

Δυσχείμερος, Très froid.

Εἰρηναῖος, Paisible, Amical.

Ἑκατόμπυλος, Qui a cent portes.

Ἔκφυλος, Inusité, Extraordinaire.

Ἕλειος, Marécageux.

Ἐμβρόντητος, Étourdi, Égaré.

Ἔμμετρος, Mesuré, Cadencé.

Ἔμφυτος, Inné, Inoculé.

Ἔμψυχος, Animé, Vivant.

345. Ἐναγωνιος, Guerrier.

Ενδοξος, Célèbre, Illustre.

Ἐνιαύσιος, Annuel.

Ενοπλος, Armé.

Εντιμος, Honoré, Considéré.

Εντονος, Tendu, Fort.

Ἐξαίσιος, Immense, Immodéré.

Ἐπακτὸς, Étranger, Importé.

Ἐπέραστος, Aimable.

Ἐπικίνδυνος, Dangereux.

346. Ἐπίκλυστος, Submergé, Lavé.

Ἐπίορκος, Parjure.

Ἐπίπεδος, Uni, Situé en plaine.

Ἐπίπονος, Laborieux, Pénible.

Ἐπίσημος, Remarquable.

Ἐπίτιμος, Honorable.

Ἐπίχριστος, Oint, Enduit.

Επομβρος, Pluvieux.

Ερημος, Désert.

Ἐρυθρὸς, Rouge.

347. Ενδηλος, Manifeste, Évident.

Εὐδόκιμος, Estimé, Célèbre.

Εὐθέτος, Propre, Convenable.

Εὔθυμος, Bienveillant, Courageux.

Εὔκαιρος, Opportun, Favorable.

Εὔκαρπος, Fertile.

Εὐκίνητος, Léger, Facile à mouvoir.

Εὔρυθμος, Harmonieux, Bien cadencé.

Εὔσημος, Évident, Remarquable.

Εὔτεκνος, Fécond.

348. Εὐφύλακτος, Bien gardé.

Ἑφθὸς, Cuit, Bouilli.

Εωθινὸς, Matinal.

Ζάκοτος, Très irrité.

Ζάχρειος, Très utile.

Ζωρὸς, Pur, Sans mélange.

Ἡδύφωνος, Qui a une voix douce.

Ἥμερος, Apprivoisé, Privé, Doux.

Ἡμίφλεκτος, A demi brûlé.

Ηρεμος, Paisible, Doux.

349. Θαλάσσιος, Maritime, Marin.

Θανατηφόρος, Mortel.

Θήρειος, Farouche.

Θηρόβρωτος, Dévoré par les bêtes.

Θυμόσοφος, Naturellement prudent.

Ἱερόσυλος, Sacrilége.

Ἰσότιμος, Équivalent.

Ἰσοτύραννος, Tyrannique.

Ἰσόψυχος, Unanime.

Ἰσχνόφωνος, Qui a la voix faible.

350. Ἴφθιμος, Courageux, Vaillant.

Ἴφιος, Robuste, Fort, Gras.

Κάβαισος, Vorace, Insatiable.

Κάθυγρος, Humide, Spongieux.

Κακόβιος, Qui vit misérablement.

Κακόθροος, Médisant.

Κακόθυμος, Malveillant.

Κακοῦργος, Malfaisant, Criminel.

Κακόφημος, Sinistre.

Καλλίκαρπος, Fertile.

351. Κατάγειος, Souterrain.

Κατάξηρος, Sec, Aride.

Κατάσκιος. Maudit, Scélérat.

Κατάσκιος, Ombragé.

Κατάφρακτος, Cuirassé.

Κατήκοος, Obéissant, Docile.

Κάτοπτος, Visible.

Κεραὸς, Cornu.

Κλόπιος, Furtif, Astucieux.

Κοινωνὸς, Commun, Participant.

352. Λείριὸς, Doux, Délicat.

Λήθαργος, Lent, Engourdi.

Ληκτὸς, Borné, Illimité.

Λυπρόγαιος, Ingrat, Stérile.

Μακρόβιος, Qui vit longtemps.

Μεσοχλόος, A moitié vert.

Μετάβουλος, Changeant, Inconstant.

Μεταίτιος, Complice.

Μεταμώλιος, Vain, Inutile.

Μετάρσιος, Haut, Élevé.

353. Μετάτροπος, Versatile, Mobile.

Μετέωρος, Élevé, Sublime.

Μέτοικος, Déporté, Exilé.

Μηλόβοτος, Désert.

Μικρολόγος, Minutieux.

Μινύωρος, Passager, Caduc.

Μίσθιος, Mercenaire.

Μονότροπος, Simple, Uniforme.

Μόρσιμος, Fatal, Mortel.

Μυθολόγος, Fabuleux.

354. Μύκλος, Gourmand, Lascif.

Μυλλος, Louche, Tortu.

Μυττος, Muet.

Μορολόγος, Sot, Extravagant.

Ναυσίπορος, Navigable.

Νείατος, Dernier.

Νεόδμητος, Nouvellement bâti.

Νεόφυτος, Nouvellement planté.

Νεοχμὸς, Nouveau, Récent.

Νήϊος, Naval.

355. Νήκεστος, Incurable.

Νήπιος, Jeune, Tendre.

Νηφάλιος, Sobre, Attentif.

NOMS ET ADJECTIFS. (Exercice.)

Les combats très dangereux. Du géant très déraisonnable. Du danger excessif. Aux champs fertiles, plus fertiles, très fertiles. A l'enfant très médisant. Les vieilles femmes très gourmandes. Les voleurs très insatiables. A la lionne obéissante, très obéissante. Aux soldats très braves. De la jeune fille très aimable. Aux traitres sacriléges. Du terrain humide. Du cœur très ingrat. Du voisin calme, plus calme, très calme. Au matelot intrépide, plus intrépide, très intrépide. Le bœuf très gras. La condamnation du prisonnier de guerre. Des sons cadencés de la lyre. *Acc.* Le renard très farouche. De la recherche du brigand qui n'est pas sur ses gardes. Du frère impie. *Acc.* Le mérite très inconnu. De l'impudence ridicule. Aux chasseurs intrépides. A l'enlèvement déraisonnable. Du misérable inventeur. A l'élégant passager. Aux amis malveillants, très malveillants. La stérilité annuelle. Du coup fatal. Au poison mortel. Des douceurs de la vie champêtre. Le jeune cousin. De la soif insatiable du tigre très irrité. Du corbeau qui vit longtemps, très longtemps. A l'aigle apprivoisé et blanc. Au combat naval. O aimable immortalité! De l'habit brodé d'or. Le redoutable épervier. Des vers harmonieux.

Imp. E. Dézairs, à Blois.

N° 21.

ENSEIGNEMENT MUTUEL.

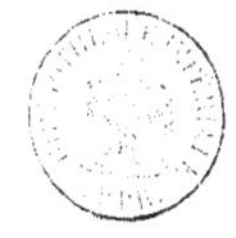

MÉTHODE GRECQUE.

ADJECTIFS. — PREMIÈRE CLASSE, Masculin et Féminin., ος. Neutre, ον.

Νικηφόρος, Vainqueur, Triomphant.
Νιφόβολος, Couvert de neige.
Νόμιμος, Légitime, Juste, Légal.
Νυκτιλόχος, Voleur de nuit.
Νωθροκάρδιος, Hébété, Stupide.
Ξιφηφόρος, Armé d'une épée.
Ξυστοφόρος, Armé d'un javelot.
356. Οἰκήσιμος, Habitable.
Οἰωνόβρωτος, Dévoré par les oiseaux.
Ὀξύθυμος, Prompt à supporter.
Ὀξύχολος, Violent, Vif.
Ὄρειος, Montagneux.
Ὄρθιος, Droit.
Πάγκαλος, Très beau.
Πάμβορος, Glouton, Vorace.
Παμπόνηρος, Très pervers.
Παμφάγος, Gourmand.
357. Πανοῦργος, Fourbe, Trompeur.
Παράβολος, Audacieux, Téméraire.
Παράδοξος, Étonnant, Absurde.
Παραπλήσιος, Approchant, Semblable.
Πατριος, Paternel, Héréditaire.
Πατρῷος, Qui vient du père.
Πέπειρος, Mûr.
Περιβόητος, Célèbre, Fameux.
Περίδρομος, Circulaire.
Περιμάχητος, Désirable.
358. Περίφοβος, Extrêmement effrayé.
Πολυαύχενος, Qui a plusieurs cous.
Πολύγονος, Fécond, Fertile.
Πολυόμματος, Qui a beaucoup d'yeux.
Πολύτεκνος, Qui a beaucoup d'enfants.
Πολύφωνος, Grand parleur.
Πολυχρόνιος, Vieux, Ancien.
Πολύχωρος, Très spacieux.
Πρᾶος, Doux, Clément, Bon.
Προβάτειος, De brebis.
359. Πρόῤῥιζος, Extirpé radicalement.
Πρόσβοῤῥος, Septentrional.
Πρόσθετος, Apposé, Ajouté.
Πρώϊος, Matinal.
Πύρπνοος, Qui respire le feu.
Ῥιγεδανός, Horrible.
Σαρκοβόρος, Carnivore.
Σιτοφόρος, Qui rapporte du blé.
Σύγκαιρος, Convenable au temps.
Σύμπλοος, Compagnon de voyage.
360. Συνεργός, Aide, Compagnon de travail.
Σύννομος, Qui vit en société.
Σύσκηνος, Camarade.
Συχνός, Serré, Épais, Fréquent.
Σφυρήλατος, Battu, Travaillé.
Σωτήριος, Salutaire.
Τεράστιος, Merveilleux.
Τετράπλευρος, Carré.
Τιθασσός, Apprivoisé, Adouci.
Τρίγωνος, Triangulaire.
361. Τρικέφαλος, Qui a trois têtes.
Ὑπάργυρος, Qui contient de l'argent.
Ὑπήκοος, Docile, Complaisant.
Ὑπόπτερος, Ailé, Prompt.
Ὑπότρομος, Tremblant.
Ὑποχθόνιος, Souterrain.
Ὕφαλος, Caché, Sous l'eau.
Φιλόκοσμος, Modeste.
Φιλόξενος, Hospitalier.
Φιλόπονος, Laborieux.
362. Φιλότεχνος, Fait avec art.
Φιλότιμος, Avide d'honneurs, Ambitieux.
Φιλόφωνος, Babillard, Bavard.
Φιλόψυχος, Attaché à la vie.
Φολιδωτός, Couvert d'écailles.
Χειροποίητος, Artificiel.
Χερσαῖος, Terrestre.
Ὠφέλιμος, Utile, Avantageux.

ADJECTIFS. — DEUXIÈME CLASSE. Gén. ος.

Ἀγνὼς, ῶτος, Inconnu.
Αἰδήμων, ονος, Modeste.
363. Ἀκύμων, Calme, Tranquille.
Ἄκων, Qui agit contre son gré.
Ἀλαζών, Vain, Glorieux.
Ἄῤῥην, ενος, Mâle, Vif.
Αὐτοκράτωρ, ορος, Qui est son maître.
Αὐτόχθων, ονος, Né de la terre.
Ἀφροντις, ιδος, Exempt de soucis.
Ἄφρων, Insensé. Déraisonnable.
Ἄχαρις, ιτος, Désagréable.
Βαρύφρων, Accablé d'inquiétudes.
364. Βουπάμων, Riche en bœufs.
Γρασων, Insensé.
Δαήμων, Instruit, Savant, Habile.
Δειλήμων, Timide.
Δολιχαύχην, Qui a un long cou.
Δύσφρων, Inquiet.
Ἑκών, Qui agit volontiers.
Ἔμφρων, Sensé, Prudent.
Εὐείμων, Bien habillé.
Εὔελπις, ιδος, Qui a bonne espérance.
365. Εὔχαρις, ιτος, Gracieux.
Ἥττων, ονος, Moindre, Inférieur.
Θηλάμων, Nutritif.
Καθήκων, Convenable.
Κακοδαίμων, Malheureux, Infortuné.
Κακοθήμων, Mal arrangé.
Λευκείμων, Vêtu de blanc.
Μαιμαξ, ακος, Furieux, Impétueux.
Μάκαρ, αρος, Heureux, Fortuné.
Μακραίων, Vieux.
366. Μακραύχην, ενος, Long, Haut.
Μάλθων, Mou, Efféminé.
Μεγαλόφρων, Qui a de grands sentiments.
Μελανείμων, Vêtu de noir.
Μῶλυξ, υκος, Ignorant, Obtus.
Νεμεσήμων, ονος, Plein d'indignation.
Νηπιόφρων, Imprudent, Léger.
Νοήμων, Intelligent, Prudent.
Ξυνήων, Commun.
Οἰστροπλὴξ, ηγος, Furieux.
367. Ὀλβιοδαίμων, Fortuné, Heureux.
Ὀλίζων, Petit, Plus petit.
Οὐρανόφρων, Céleste.
Παχύφρων, Stupide, Niais.
Πεδάφρων, Inepte, Inhabile.
Πέπων, Mûri, Doux.
Πολύδακρυς, Déplorable.
Πολύφρων, Très prudent, Très sensé.
Προγάστωρ, ορος, Ventru.
Ῥοδοπήχυς, υος, De couleur rose.
368. Σάρων, ονος, Libertin.
Σιδηρόφρων, Dur, Intraitable.
Σιδηροχίτων, Couvert de fer.
Συγγνώμων, Indulgent, Clément.
Ταλασίφρων, Patient.
Τλήμων, Intrépide, Audacieux.
Χαμαιβάμων, Rampant, Bas, Humble.
Ὠμόφων, Cruel, Barbare.

ADJECTIFS CONTRACTES. Ἀληθής. Masc. et Fém. ες Neut. Gen. εος, οῦς, comme les Noms.

Ἀβακής, Taciturne, Muet.
Ἀβαρής, Facile à porter.
369. Ἀβλαβής, Innocent, Sain et sauf.
Ἀβλεμής, Faible, Languissant.
Ἀγενής, Dégénéré, Abâtardi.
Ἀγής, Criminel, Scélérat.
Ἀγκιστροειδής, Courbé.
Ἀγλαοθηλής, Délicat, Tendre.
Ἀγλευκής, Amer, Désagréable.
Ἀγνής, Chaste.
Ἀγριώδης, Sauvage, Rude.
Ἀδαής, Ignorant.
370. Ἀδεής, Intrépide, Hardi.
Ἀδερκής, Aveugle.
Ἀεροειδής, Aérien, Brumeux.
Ἀήθης, Nouveau, Inusité.
Αἰθαλιώδης, Noir, Obscur.
Αἱματοχαρής, Sanguinaire.
Αἱματώδης, Sanglant.
Ἀκανθώδης, Épineux.
Ἀκαρής, Très petit.
Ἀκλεής, Déshonoré, Flétri.
371. Ἀκριβής, Exact, Juste.
Ἀκυρής, Pauvre, Malheureux.
Ἀλιτενής, Bas, Abject.
Ἀλλοεθνής, Étranger.
Ἀλουργής, Teint en pourpre.
Ἀλυσιτελής, Inutile, Désavantageux.
Ἀμαθής, Ignorant, Grossier.
Ἀμελής, Négligent.
Ἀμενής, Léger, Vain.
Ἀμερής, Indivisible.
372. Ἀναιδής, Impudent.
Ἀνδρώδης, Viril, Généreux.
Ἀνελλιπής, Complet, Parfait.
Ἀνεπιδεής, Qui n'a aucun besoin.
Ἀολλής, Ramassé, Pressé.
Ἀπαχθής, Pénible, Accablant.
Ἀπρεπής, Inconvenant.
Ἀσελγής, Insolent, Impertinent.
Ἀσταθής, Inconstant.
Ἀσφαλής, Inébranlable, Sûr.
373. Ἀθαρβής, Intrépide.
Ἀτριβής, Inhabité, Désert.
Ἀτυχής, Malheureux, Infortuné.
Αὐταρχής, Qui se suffit à lui-même.
Ἀφανής, Inconnu, Obscur.
Ἀφυής, Maladroit.
Ἀχραής, Propre, Intact.
Ἀψεγής, Irrépréhensible, Irréprochable.

NOMS ET ADJECTIFS. (Exercice.)

La fraternité aimable du voisin. De la férocité noire du brigand. La sotte rusticité du paysan. A l'obscurité incommode. De la misère affreuse. Des pieds de la chèvre légère. Les sauterelles nuisibles. De l'ancre recourbée de la barque du pêcheur. De la longue robe de pourpre. Les poils du renard rusé. Des rames du vaisseau spacieux. Les longues murailles des prisons. *Acc.* La chouette, oiseau de nuit. De la glace unie. Au flambeau visible. La timidité puérile. Des atrocités incroyables des vainqueurs. Au manteau du vieillard. Aux branches du chêne élevé. Des jours de la semaine. A l'éperon du cavalier vaillant. A l'olivier sauvage. A la dispute très violente. *Acc.* La timide conductrice. Le lever de l'aurore brillante. Aux châtiments de la justice divine. A la divinité puissante. Des services de la servante agile. Aux oracles énigmatiques du prophète. De la prêtresse très pauvre. Aux magnifiques arcs-en-ciel. A la vraie pureté. Du calice pourpré des fleurs. *Acc.* Les redoutables tempêtes de la mer. Des orages pernicieux de l'été. Des cicatrices du fantassin inhumain. Du bouclier de la statue équestre. La mort fatale des insulaires. Les rumeurs de la multitude menaçante. Du fossé de la vallée profonde. *Acc.* Le petit lit du petit enfant. La haine exécrable du scélérat. La coupe dorée des convives joyeux.

Imp. E. Dézairs, à Blois.

Nº 22.

ENSEIGNEMENT MUTUEL.

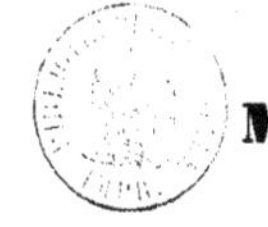

MÉTHODE GRECQUE.

ADJECTIFS CONTRACTES. Ἀληθὴς. **Masc. et Fém.** ες **Neut. Gen.** εος, οῦς, **comme les Noms.**

Βαθυσκαφὴς, Extrêmement creux.
Βαρυπειθὴς, Qui obéit lentement.
374. Βαρυπενθὴς, Accablé de douleur.
Βιοπλανὴς, Mendiant.
Βουνοειδὴς, Montueux.
Βραγχώδης, Enroué.
Βρυώδης, Mou, Flasque.
Γανώδης, Riant, Fertile.
Γιγαντώδης, Gigantesque, Énorme.
Γριφώδης, Énigmatique.
Γωνιώδης, Anguleux.
Δαψιλὴς, Abondant, Fertile.
375. Δειμώδης, Terrible, Épouvantable.
Δημοειδὴς, Populaire.
Δημοπληθὴς, Populeux.
Διαπρεπὴς, Excellent, Distingué.
Διαρκὴς, Suffisant.
Διαυγὴς, Transparent, Étincelant.
Διετὴς, Agé de deux ans.
Διηνεκὴς, Continuel, Perpétuel.
Δυσαλγὴς, Insupportable.
Δυσαχθὴς, Extrêmement fâcheux.
376. Δυσειδὴς, Difforme, Hideux.
Δυσμαθὴς, Qui apprend difficilement.
Δυσπειθὴς, Indocile.
Δυσπετὴς, Fâcheux, Difficile.
Δυστυχὴς, Malheureux, Infortuné.
Δυσχερὴς, Épineux, Désagréable.
Ἐγκρατὴς, Fort, Puissant.
Ἐκπρεπὴς, Beau, Distingué.
Ἐλλιπὴς, Qui manque de force.
Ἐλώδης, Marécageux.
377. Ἐμβριθὴς, Lourd, Pesant.
Ἐμμανὴς, Plein de fureur.
Ἐμμελὴς, Mélodieux, Harmonieux.
Ἐμπαθὴς, Touché, Ému.
Ἐνδεὴς, Incomplet, Imparfait.
Ἐξαυγὴς, Éclatant, Reluisant.
Ἐπαχθὴς, Onéreux, Odieux.
Ἐπιεικὴς, Décent, Honnête, Sage.
Ἐπιμελὴς, Soigneux.
Ἐπιτηδὴς, Propre, Habile.
378. Ἐπιτερπὴς, Agréable.
Ἐπιφανὴς, Magnifique, Apparent.
Ἐργώδης, Pénible, Difficile.
Ἐρεβώδης, Ténébreux, Profond.
Εὐγενὴς, Noble.
Εὐερνὴς, Florissant, Bien nourri.
Εὐηθὴς, Simple, Bon.
Εὐθαρσὴς, Hardi.
Εὐκαμπὴς, Flexible.
Εὐκλεὴς, Glorieux, Célèbre.
379. Εὐμεγέθης, Très grand, Remarquable.
Εὐμηκὴς, Très long.
Εὐπειθὴς, Docile.
Εὐπρεπὴς, Bienséant, Beau.
Εὐρυχωρὴς, Spacieux, Vaste.
Εὐσεβὴς, Pieux, Qui craint Dieu.
Εὐτελὴς, Frugal, Pauvre.
Εὐτυχὴς, Heureux.
Εὐυφὴς, Bien tissu.
Εὐφυὴς, Ingénieux.
380. Ζαπληθὴς, Innombrable.
Ζαφελὴς, Très simple.
Ζοφοειδὴς, Obscur, Sombre.
Ἡδυεπὴς, Mélodieux, Harmonieux.
Ἡλιώδης, Blanchâtre.
Ἡμιβρεχὴς, A demi mouillé.
Θανατώδης, Mortel.
Θειώδης, Sulfureux.
Θεοφιλὴς, Chéri de Dieu.
Θηριώδης, Féroce, Brutal.
381. Θολώδης, Bourbeux, Limoneux.
Θορυβώδης, Tumultueux.
Θυμαρὴς, Cher, Agréable.
Θυμοβαρὴς, Profondément affligé.
Θυμοδακὴς, Chagrinant.
Θυμώδης, Enclin à la colère.
Θυννώδης, Épais, Grossier.
Θυώδης, Parfumé, Embaumé.
Ἱεροπρεπὴς, Sain.
Ἰθαγενὴς, Indigène.
382. Ἰθυτενὴς, Droit.
Ἰνοειδὴς, Fibreux, Nerveux.
Ἰξώδης, Visqueux, Gluant.
Ἰομιγὴς, Venimeux.
Ἰώδης, Violet, Brun.
Κακοκλεὴς, Diffamé, Déshonoré.
Κακομαθὴς, Mal instruit.
Κακομηδὴς, Artificieux, Astucieux.
Καναχὴς, Bruyant.
Κηώδης, Odoriférant.
383. Κομψοπρεπὴς, Elégant.
Κρημνώδης, Escarpé.
Κτηνώδης, Grossier, Brutal.
Κυανοειδὴς, Azuré.
Κυματοειδὴς, Houleux, Orageux.
Κυτώδης, Creux, Concave.
Λειώδης, Poli, Uni, Aplani.
Λεπρώδης, Lépreux.
Λιμακώδης, Humide.
Λιμνώδης, Marécageux.
384. Λιποσαρκὴς, Maigre, Décharné.
Λυγώδης, Flexible, Souple.
Λυσιτελὴς, Utile, Avantageux.
Μαρμαρυγώδης, Reluisant.
Μεγαλοπρεπὴς, Magnifique.
Μεγαλοφυὴς, Magnanime.
Μειρακιώδης, Puéril.
Μενοεικὴς, Agréable, Abondant.
Μιλτηλιφὴς, Rougi.
Μονοφυὴς, Unique.
385. Μυριοπληθὴς, Infini, Innombrable.
Μυώδης, Musculeux.
Νεαγενὴς, Nouveau-né, Récent.
Νεοπρεπὴς, Jeune.
Νεφώδης, Nébuleux.
Νηκερδὴς, Inutile, Imprudent.
Νηλὴς, Impitoyable.
Νιτρώδης, Nitreux.
Νιφετώδης, Couvert de neige.
Νουσαχθὴς, Gravement malade.
386. Νυκτοειδὴς. Noir, Ténébreux.
Νωθὴς, Tardif, Lent.
Νωχελὴς, Nonchalant, Paresseux.
Ξυλοειδὴς, Ligneux.
Ξυλώδης, Boiseux.
Οἰνοβαρὴς, Ivrogne.
Ὀλιγαρκὴς, Frugal.
Ὀμιχλώδης, Nébuleux, Ténébreux.
Ὁμογενὴς, Parent, Homogène.
Ὁμοειδὴς, De même race.
387. Ὀξυδερκὴς, Qui a la vue perçante.
Ὀψιμαθὴς, Ignorant.
Παμμεγέθης, Très grand.
Παντελὴς, Parfait, Accompli.
Περιαλγὴς, Qui ressent de vives inquiétudes.
Περιδεὴς, Très timide.
Περικαλλὴς, Très beau.
Περικρατὴς, Qui se rend maitre.
Περιλαμπὴς, Resplendissant, Brillant.
Περιπετὴς, Qui est tombé.
388. Περιχαρὴς, Excessivement joyeux.
Πετρώδης, Pierreux.
Πλασματώδης, Feint, Controuvé.
Πλήρης, Plein.
Πολυβενθὴς, Très profond.
Πολυειδὴς, Qui a différentes formes.
Πολυμαθὴς, Très savant.
Πολυτελὴς, Somptueux, Magnifique.
Πρανὴς, Incliné.
Πρεπώδης, Décent, Convenable.
389. Πρηνὴς, Qui se précipite.
Προμηθὴς, Prévoyant, Circonspect.
Προπετὴς, Téméraire, Inconsidéré.
Προσφιλὴς, Aimé, Qui aime.
Προφανὴς, Évident, Clair, Franc.
Ῥηχώδης, Apre, Raboteux.
Ῥικνοδὴς, Vieux, Courbé.
Ῥυηφενὴς, Opulent, Riche.
Σαφὴς, Évident, Manifeste.
Σκοιώδης, Obscur, Ténébreux.
390. Σκυλακώδης, Imprudent.
Συγγενὴς, Parent, Proche.
Συνεχὴς, Fréquent, Habituel.
Συνηθὴς, Familier, Ami.
Ταραχώδης, Turbulent.
Τιτανώδης, Terrible, Hideux.
Τραγικώδης, Tragique.
Τρανὴς, Clair, Visible.
Τραχώδης. Apre, Rude.
Τριλαμπὴς, Très brillant.
391. Τριμερὴς, Triple.
Τριξωλὴς, Très pernicieux.
Τριχώδης, Chevelu, Velu.
Τροφὴς, Gros, Gras.
Τροφιώδης, Épais.
Τυφλώδης, Saisi, Interdit.
Ὑγιηρὴς, Sain et sauf.
Ὑγιὴς, Plein de santé.
Ὑγρομελὴς, Délicat, Tendre.
Ὑδαρὴς, Aqueux, Humide.
392. Ὑληγενὴς, Matériel.
Ὑπνώδης, Endormi, Assoupi.
Ὑποβρυχὴς, Humecté.
Ὑώδης, Sale, Immonde.
Φιλομαθὴς, Désireux d'apprendre.
Φλογώδης, Ardent, Embrasé.
Φλυαρώδης, Frivole.
Φονολειβὴς, Sanguinaire.
Φρενομανὴς, Fou, Furieux.
Φρικώδης, Horrible, Effrayant.
393. Χαλεπηρὴς, Désagréable.
Χειροβαρὴς. Pesant.
Χρειώδης, Utile, Avantageux.
Ψαμμαθώδης, Sablonneux.
Ψυχοπλανὴς, Irrésolu.
Ὠμαχθὴς, Accablant.
Ὠμοκρατὴς, Robuste.
Ὠχροειδὴς, Pâle.

EXERCICE SUR LES COMPARATIFS.

Règle. Le mot qui sert de terme à la comparaison se met au génitif. On peut aussi exprimer le *que* par ἢ (*quàm* en latin) avec même cas après que devant. Si le *que* est suivi d'un adjectif ou d'un adverbe, il se rend aussi par ἢ avec l'adjectif ou l'adverbe, aussi au comparatif, avec même cas après que devant.

Le père plus sage et plus juste que le fils. L'âne plus stupide et plus lent que le cheval. Le soleil est plus brillant que la lune. Les pauvres sont plus heureux que les riches. Du lièvre plus timide que le loup. A la vertu plus stable que les richesses. Aux captives plus illustres que le vainqueur. Le solitaire plus pieux que le devin. La meunière plus gracieuse que la jeune fille riche. *Acc.* Rien de plus doux que le lait et le miel. Au fer plus utile que l'or. Cet orateur plus digne de foi que le poète. A la servante plus obligeante que l'esclave. Les vertus plus rares que les vices. Le vautour plus vorace que la timide colombe. L'ame immortelle plus précieuse que le corps mortel. La langue du méchant plus redoutable que les armes des ennemis. Le vin blanc plus léger que le vin noir. Le jeune homme plus imprudent que le vieillard. Au loup plus cruel que le chien. La chèvre plus agile que la brebis. Le discours de l'orateur plus nuisible qu'utile. Du général plus hardi qu'habile. Rien de plus fort que le lion. Le ruisseau plus profond que large. De l'ange céleste plus pur et plus saint que l'homme terrestre.

Imp. E. Dézairs, à Blois.

N° 23.

ENSEIGNEMENT MUTUEL.

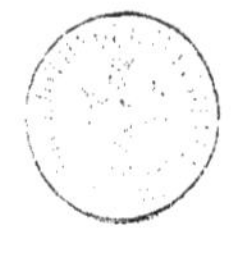

MÉTHODE GRECQUE.

ADJECTIFS. — TROISIÈME CLASSE, sur Μέλας et Πάς.

Αἰγλήεις, Brillant, Resplendissant.
Αἰθαλόεις, Brûlant, Flamboyant.
394. Ἀκέων, Qui garde le silence.
Ἀμφιγυήεις, Qui est boiteux des deux pieds.
Ἅπας, Tout entier, Tout ensemble.
Εἰδὼς, Εἰδυῖα, Savant, Qui connait.
Ἑκών, Qui agit volontiers.
Ἠχήεις, Sonore, Retentissant.
Μαλιτόεις, De miel.
Σκιόεις, Ombragé, Ombrageux.
Τελήεις, Parfait, Solennel.
Τερην, Tendre.
395. Τιμήεις, Précieux.

ADJECTIFS sur Ἡδυς.

Ἀμβλύς, Émoussé, Faible.
Αἰπὺς, Haut, Dur, Fier.
Βαθύς, Profond, Épais.
Βαρύς, Lourd, Accablant, Redoutable.
Βραδύς, Lent.
Βραχύς, Court.
Γλυκύς, Doux, Agréable.
Δασύς, Dru, Serré, Épais.
Δριμύς, Aigre, Mordant.
396. Ἐλαχύς, Petit.
Εὐθύς, Droit.
Εὐρύς, Large, Ample.
Ἡμισύς, Démis.
Θῆλύς, Féminin, Délicat.
Θρασύς, Audacieux, Téméraire.
Λιγύς, Sonore, Mélodieux, Éclatant.
Ὀξύς, Aigu, Perçant, Subtil.
Πλατύς, Large, Ample, Spacieux.
Πρεσβύς, Vieux, Agé, Vaillant.
397. Ταχύς, Vite, Prompt, Léger.
Τραχύς, Apre, Rude, Raboteux.
Ὠχύς, Vite.

EXERCICE SUR LES SUPERLATIFS.

Règle. Le superlatif se construit comme en latin avec le génitif. Quand il y a comparaison entre deux objets, le superlatif français se met au comparatif en grec et le complément au génitif pluriel ou duel.

Le ciel est le plus beau de tous les spectacles. La plus juste de toutes les causes. Du plus sage de tous les philosophes. Au plus oisif des écoliers. Le plus stupide de tous les animaux est l'âne. A la ville la plus populeuse du royaume. Le plus riche des rois était Crésus : le plus puissant était Alexandre. L'or est le plus précieux des métaux. De la plus longue des deux routes. Le plus ancien des êtres est Dieu. Ce soldat était très courageux et très audacieux. Cet étranger était très laborieux. La science est très avantageuse à l'homme. Ces orateurs sont très studieux et très savants. Mon voisin est le plus riche de la ville. Quelle est la chose la plus ennemie des hommes? La vie la plus pauvre est plus sûre que la vie la plus opulente. Le trésor le plus lourd est un profit honteux. De la sagesse le plus précieux de tous les biens. La colère est le plus injuste de tous les vices. Une mère pour ses enfants est le bien le plus agréable et le plus précieux. Le plus beau des êtres est le monde, le plus puissant est la nécessité et le plus habile est le temps.

EXERCICES GRECS.

52. Ἡρακλῆς ἔλαβε (reçut) παρὰ Ἑρμοῦ μὲν ξίφος, παρ' Ἀπόλλωνος δέ τόξα, παρα Ἡφαιστου δὲ θώρακα χρυσοῦν, παρά δέ Ἀθηνᾶς πέπλον.
53. Ἡρακλῆς τῇ χολῃ τῆς λερναίας ὕδρας τούς ὀϊστοὺς εβαψεν (trempa).
54. Ὦ Ζεῦ, καί Ἀθηνᾶ, καί Ἀπόλλον, δότε (donnez) μοι ἀρετὴν ψυχῆς, καὶ ἡσυχίαν βίου, καί ζωην ἄμεμπτον, καί εὔελπιν θανατον.
55. Δόξα καὶ πλοῦτος ἄνευ συνέσιος οὐκ ἀσφαλέα κτήματα.
56. Ψυχῆς νοσούσης (malade) ἐστί φάρμακον λόγος.
57. Ἡ ὕδραυλίς ἐστιν εὕρημα Κτησιβίου, κουρέως (κατὰ) τὴν τέχνην.
58. Ὁ μέλας οἶνός ἐστι θρεπτικότατος, ὁ δὲ λευκὸς, λεπτότατος.
59. Πόλεμος ἔνδοξος εἰρήνης αἰσχρᾶς αἱρετώτερος.
60. Ἐπαμινώνδας πατρὸς ἦν ἀφανοῦς.
61. Οὐδὲν γλύκιον τῆς πατρίδος.
62. Οὐδὲν κτῆμα σοφίας τιμιώτερον.
63. Δόξα ἀσθενὴς ἄγκυρα, πλοῦτος ἔτι ἀσθενεστέρα.
64. Ἡ Βακτριανή χώρα εὐδαιμονεστάτη ἐστι καὶ εὐφορωτάτη.
65. Ἀριστοτέλης ἔφη (dit) τῆς παιδείας τὰς μεν ῥίζας εἶναι πικρὰς, γλυκεῖς δὲ τοὺς καρπούς.
66. Πρεσβύτατον τῶν ὄντων, θεός· αγεννητος γάρ, κάλλιστον, κόσμος· ποιημα γάρ θεοῦ.
67. Μέγιστον των ὄντων, θεός· πάντα γάρ χωρεῖ (contient) τάχιστον, νοῦς διὰ παντος γάρ τρέχει (parcourt).
68. Ἰσχυροτατον των ὄντων, ἀναγκη· κρατεῖ (maitrise) γαρ παντων, σοφώτατον, χρονος ἀνευρίσκει (il découvre) γάρ παντα.
69. Διά τοῦτο δύο ὦτα ἔχομεν (nous avons) στόμα δέ ἕν, ἵνα πλείω μέν ἀκούωμεν (afin que nous écoutions plus) ἧττονα δὲ λέγωμεν (et que nous parlions moins).

RÉCAPITULATION. — (Noms et Adjectifs).

La vertu du même prince très courageux. L'élégante simplicité des deux chars royaux. Du courage bouillant de la dixième légion. Aux armes du soldat qui aime sa patrie. La sévérité du plus juste des juges. La plus pieuse d'entre toutes les mères. La force de nos trois chevaux. A soixante-dix cavaliers. Les hommes eux-mêmes sont craintifs. Le père et le frère qui sont heureux. A la mère qui nous sera utile. La ville était pleine de trouble. Cet homme est altéré de sang et de carnage. Vous êtes dignes de louanges. La plupart de nos généraux sont habiles dans l'art militaire. Hector était le plus brave des Troyens. Sois le même pour tes amis, heureux ou malheureux. Ces enfants sont semblables à leurs parents. Ces peuples parlaient la même langue que nous. Le plus saint de tous les rois fut David : le plus sage fut Salomon. Le premier meurtrier fut Caïn. Le plus rusé des animaux est le renard : le plus glouton est le loup. Qui sera le plus studieux de vous ou de votre frère? Lequel des deux orateurs sera le plus digne de louanges, de Démosthènes ou de Cicéron? Lequel des deux fut le plus habile général, d'Alexandre ou de César? L'affaire est très importante, elle est digne de nos soins. L'étude des sciences nous est très nécessaire. Les abeilles sont fort laborieuses : l'industrie et l'activité leur sont naturelles, cependant le repos ne leur est pas inconnu. Nous leur sommes bien différents. La chaleur et les fontaines limpides leur sont nécessaires. Les tours et les remparts de cette ville étaient imprenables. L'occasion et le moment sont favorables. Le mensonge et la vérité, qui sont contraires, sont bien communs. Soyons attentifs à nos paroles, parce qu'elles sont souvent utiles ou nuisibles au prochain. La peste est moins dangereuse au genre humain que la langue séditieuse.

Imp. E. Dézairs, à Blois.

N° 24.

ENSEIGNEMENT MUTUEL.

MÉTHODE GRECQUE.

RÉSUMÉ DE LA VOIX ACTIVE ET DE LA VOIX PASSIVE (1). — (Terminaison seule.)

		INDICATIF.				IMPÉRATIF.		SUBJONCTIF.		OPTATIF.		INFINITIF.		PARTICIPES.	
		PRÉSENT.		IMPARFAIT.											
		Actif.	Passif.	Actif.	Passif.	Actif.	Passif.	Actif.	Passif.	Actif.	Passif.	Actif.	Passif.	Actif.	Passif.
Présent.	S. 1.	ω,	ομαι,	ον,	όμην,			ω,	ωμαι,	οιμι,	οίμην,	ειν,	εσθαι,	M. ων,	όμενος,
	2.	εις,	ῃ,	ες,	ου,	ε,	ου,	ῃς,	ῃ,	οις,	οιο,			οντος,	ομένου,
	3.	ει,	εται,	ε,	ετο,	έτω,	έσθω,	ῃ,	ηται,	οι,	οιτο,			F. ουσα,	ομένη,
	P. 1.	ομεν,	όμεθα,	ομεν,	όμεθα,			ωμεν,	ώμεθα,	οιμεν,	οίμεθα,			ούσης,	ομένης,
	2.	ετε,	εσθε,	ετε,	εσθε,	ετε,	εσθε,	ητε,	ησθε,	οιτε,	οισθε,			N. ον,	όμενον,
	3.	ουσι,	ονται,	ον,	οντο,	έτωσαν,	έσθωσαν,	ωσι,	ωνται,	οιεν,	οιντο,			οντος,	ομένου,
	D. 1.		όμεθον,		όμεθον,				ώμεθον,		οίμεθον,				
	2.	ετον,	εσθον,	ετον,	εσθον,	ετον,	εσθον,	ητον,	ησθον,	οιτον,	οισθον,				
	3.	ετον,	εσθον,	έτην,	έσθην,	έτων,	έσθων,	ητον,	ησθον,	οίτην,	οίσθην,				
Futur.	S. 1.	σω,	θήσομαι,							σοιμι,	θησοίμην,	σειν,	θήσεσθαι,	M. σων,	θησόμενος,
	2.	σεις,	θήσῃ,							σοις,	θήσοιο,			σοντος,	θησομένου,
	3.	σει,	θήσεται,							σοι,	θήσοιτο,			F. σουσα,	θησομένη,
	P. 1.	σομεν,	θησόμεθα,							σοιμεν,	θησοίμεθα,			σούσης,	θησομένης,
	2.	σετε,	θήσεσθε,							σοιτε,	θήσοισθε,			N. σον,	θησόμενον,
	3.	σουσι,	θήσονται,							σοιεν,	θήσοιντο,			σοντος,	θησομένου,
	D. 1.		θησόμεθον,								θησοίμεθον,				
	2.	σετον,	θήσεσθον,							σοιτον,	θήσοισθον,				
	3.	σετον,	θήσεσθον,							σοίτην,	θησοίσθην,				
Aoriste.	S. 1.	σα,	θην,					σω,	θῶ,	σαιμι,	θείην,	σαι,	θῆναι,	M. σας,	θείς,
	2.	σας,	θης,			σον,	θητι,	σῃς,	θῇς,	σαις,	θείης,			σαντος,	θέντος,
	3.	σε,	θη,			σάτω,	θήτω,	σῃ,	θῇ,	σαι,	θείη,			F. σασα,	θεῖσα,
	P. 1.	σαμεν,	θημεν,					σωμεν,	θῶμεν,	σαιμεν,	θείημεν,			σάσης,	θείσης,
	2.	σατε,	θητε,			σατε,	θητε,	σητε,	θῆτε,	σαιτε,	θείητε,			N. σαν,	θέν,
	3.	σαν,	θησαν,			σάτωσαν,	θήτωσαν,	σωσι,	θῶσι,	σαιεν,	θείησαν,			σαντος,	θέντος,
	D. 1.														
	2.	σατον,	θητον,			σατον,	θητον,	σητον,	θῆτον,	σαιτον,	θείητον,				
	3.	σάτην,	θήτην,			σάτων,	θήτων,	σητον,	θῆτον,	σαίτην,	θειήτην,				
				PLUS-QUE-PARFAIT.											
Parfait.	S. 1.	κα,	μαι,	κειν,	μην,			κω,	ως ὦ,	κοιμι,	ως εἴην,	κέναι,	σθαι,	M. κώς,	μένος,
	2.	κας,	σαι,	κεις,	σο,	κε,	σο,	κῃς,	ως ᾖς,	κοις,	ως εἴης,			κότος,	μένου,
	3.	κε,	ται,	κει,	το,	κέτω,	σθω,	κῃ,	ως ᾖ,	κοι,	ως εἴη,			F. κυῖα,	μένη,
	P. 1.	καμεν,	μεθα,	κειμεν,	μεθα,			κωμεν,	οι ὦμεν,	κοιμεν,	οι εἴημεν,			κυίας,	μένης,
	2.	κατε,	σθε,	κειτε,	σθε,	κετε,	σθε,	κητε,	οι ἦτε,	κοιτε,	οι εἴητε,			N. κός,	μένον,
	3.	κασι,	νται,	κεισαν,	ντο,	κέτωσαν,	σθωσαν,	κωσι,	οι ὦσι,	κοιεν,	οι εἴησαν,			κότος,	μένου,
	D. 1.		μεθον,		μεθον,										
	2.	κατον,	σθον,	κειτον,	σθον,	κετον,	σθον,	κητον,	ω ἦτον,	κοιτον,	ω εἴητον,				
	3.	κατον,	σθον,	κείτην,	σθην,	κέτων,	σθων,	κητον,	ω ἦτον,	κοίτην,	ω εἰήτην,				
Futur antérieur.	S. 1.		σομαι,								σοίμην,		σεσθαι,		σόμενος,
	2.		σῃ,								σοιο,				σομένου,
	3.		σεται,								σοιτο,				σομένη,
	P. 1.		σόμεθα,								σοίμεθα,				σομένης,
	2.		σεσθε,								σοισθε,				σόμενον,
	3.		σονται,								σοιντο,				σομένου,
	D. 1.		σόμεθον,								σοίμεθον,				
	2.		σεσθον,								σοισθον,				
	3.		σεσθον,								σοίσθην,				

VERBES A CONJUGUER sur Λύω.

Ἀγγαρεύω, Forcer, Contraindre.
Ἀγρεύω, Haranguer, Dire, Parler.
Ἀγρεύω, Chasser, Pêcher.
Ἀκούω, *f.* ουσω, Écouter, Entendre dire.
Ἀλιεύω, Pêcher.
Ἀλίσκω, *f.* αλωσω, Prendre, Convaincre.
Ἀμαρθανω, *f.* ησω, Pécher, Mal agir.
398. Ἀνδανω, *f.* αδησω, Plaire.
Ἀνευρισκω, *f.* ανευρησω, Trouver, Inventer.
Ἀνθυπαθεύω, Être proconsul.
Ανορούω, Monter avec rapidité.
Ἀνύω, Achever.
Ἀρδεύω, Arroser, Observer, Faire boire.
Ἀρέσκω, *f.* ἀρέσω, Apaiser, Réconcilier, Plaire.
Ἀριστεύω, Se distinguer, Exceller.
Ἀρτύω, Apprêter, Assaisonner, Compléter.
Ἀρύω, Puiser, Tirer.
399. Αὔξω, *f.* αὐξήσω, Augmenter, Faire fortune.
Αὔω, Dessécher, Allumer.
Ἀφελκύω, Retirer, Détourner.
Ἀφιππεύω, S'enfuir à toutes brides, S'éloigner.
Ἀφυω, Puiser.
Βακχεύω, Être transporté d'une fureur bachique.
Βασιλεύω, Régner, Gouverner.
Βιβρώσκω, *f.* βρώσω, Manger, Se repaître de.
Βιοτεύω, Vivre, Subsister.
Βόσκω, *f.* βοσκησω, Faire paître.
400. Βουλεύω, Délibérer, Projeter.
Βρύω, Pousser, Jaillir.
Βρώσκω, *f.* βρώσω, Manger, Brouter.
Βύω, Fermer, Remplir, Obstruer.
Γαίω, Se glorifier, Être fier.
Γηθεύω, Se réjouir, Être charmé.
Γινώσκω, *f.* γνωσομαι, Connaître, Comprendre.
Δακρύω, Pleurer.
Δέω, *f.* δησω, Lier, Avoir besoin.
Δημεύω, Confisquer.
401. Διημηνεύω, Interpréter, Expliquer.
Διοδεύω, Passer par, Traverser.
Δουλεύω, Servir, Être esclave.
Δραπετεύω, S'échapper de la maison de son maître, Fuir.
Δυναστεύω, Régner, Dominer, Être puissant.
Ἔδω, *f.* ἔσω, Manger, Ronger.
Ἐθέλω, *f.* ησω, Vouloir, Pouvoir.
Εἴδω, *f.* εἴσω, Voir, Comprendre.
Εἰρηνεύω, Vivre en paix, Pacifier.
Εἰσελαύνω, *f.* ἐλάσω, Entrer à cheval, Se précipiter.
402. Ἐλινύω, Faire cesser, Temporiser.
Ἐρητύω, Arrêter, Empêcher.
Ἐρύω, Traîner, Tirer, Garder, Défendre.
Ἐσθίω, *f.* ἔδομαι, Manger, Consumer.
Εὕδω, *f.* εὑδήσω, Dormir.
Εὑρίσκω, *f.* ησω, Trouver, Obtenir.
Ἕψω, *f.* Faire cuire.
Ἕω, *f.* ησω, Envoyer, Vêtir.
Ζέω, *f.* εσω, Bouillir, Bouillonner.
Ζωννύω, *f.* ώσω, Ceindre.
403. Ἡγεμονεύω, Conduire, Gouverner.
Ἥδω, *f.* ησω, Faire plaisir, Charmer, Réjouir.
Ἤθω, Clarifier, Épurer.
Θεραπεύω, Traiter, Guérir.
Θέω, *f.* θεύσω, Courir, Combattre.
Θήπω, *parf.* 2. τέθηπα, Être frappé d'étonnement.
Θηρεύω, Chasser, Rechercher.
Θητεύω, Être mercenaire.
Θραύω, Rompre, Briser.
Θρησκεύω, Rendre un culte, Honorer.
404. Θριαμβεύω, Triompher.
Θύω, Immoler, Sacrifier.
Θωπεύω, Flatter, Caresser.
Ἰατρεύω, Remédier.
Ἰαύω, Séjourner, Dormir.
Ἰδιωτεύω, Mener une vie privée, Être inhabile.
Ἱδρύω, Faire asseoir, Placer.
Ἱερατεύω, Être prêtre.
Ἱκετεύω, Supplier, Implorer.
Ἱππεύω, Aller à cheval, Être cavalier.
405. Ἰσχύω, Être fort, Être robuste.

(1) Pour la formation des temps, voir Burnouf, § 68 et suivants.

Imp. E. Dézairs, à Blois.

N° 25.

ENSEIGNEMENT MUTUEL.

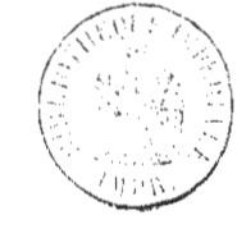

MÉTHODE GRECQUE.

VOIX MOYENNE. (Le moyen n'a que deux temps qui lui soient particuliers.)

	FUTUR.				AORISTE.					
	INDICATIF.	OPTATIF.	INFINITIF.	PARTICIPES.	INDICATIF.	IMPÉRATIF.	SUBJONCTIF.	OPTATIF.	INFINITIF.	PARTICIPES.
S. 1.	σομαι,	σοίμην,	σεσθαι	M. σόμενος,	S. 1. σαμην,		σωμαι,	σαίμην,	σασθαι,	M. σαμενος,
2.	σῃ,	σοιο,		σομενου,	2. σω,	σαι,	σῃ,	σαιο,		σαμένου,
3.	σεται,	σοιτο,			3. σατο,	σάσθω,	σηται,	σαιτο,		
P. 1.	σόμεθα,	σοίμεθα,		F. σομένη,	P. 1. σάμεθα,		σωμεθα,	σαίμεθα,		F. σαμενη,
2.	σεσθε,	σοισθε,		σομένης,	2. σασθε,	σασθε,	σησθε,	σαισθε,		σαμενης,
3.	σονται,	σοιντο,			3. σαντο,	σάσθωσαν,	σωνται,	σαιντο,		
D. 1.	σόμεθον,	σοίμεθον,		N. σομενον,	D. 1. σαμεθον,		σωμεθον,	σαίμεθον,		N. σαμενον,
2.	σεσθον,	σοισθον,		σομενου.	2. σασθον,	σασθον,	σησθον,	σαισθον,		σαμενου.
3.	σεσθον,	σοίσθην,			3. σάσθην,	σάσθων,	σησθον,	σαίσθην,		

VERBES A CONJUGUER sur Λύω.

Καθαρεύω, Être pur.
Καίω, Brûler, Allumer.
Κασσύω, Recoudre.
Κελεύω, Ordonner, Commander.
Κεύθω, *fut.* κεύσω, Cacher, Enfermer.
Κηδεύω, Ensevelir.
Κινδυνευω, Se mettre en danger.
Κλαίω, *f.* κλαύσω, Pleurer, Se plaindre.
Κλείω, Fermer à clef, Célébrer.
406. Κολούω, Amputer, Couper.
Κρούω, Frapper, Heurter.
Κυλίω, Rouler.
Κυριεύω, Se rendre maitre, Réduire sous sa puissance.
Κωκύω, Se lamenter, Pleurer.
Κωλύω, Empêcher, Défendre.
Κωκεύω, Soulever, Traîner.
Λατρεύω, Servir, Être esclave, Rendre un culte.
Ληστεύω, Piller, Exercer des brigandages.
Λούω, Laver, Baigner.
407. Μαγεύω, Être magicien.
Μαστεύω, Chercher, Rechercher.
Μεθερμηνεύω, Interpréter, Traduire.
Μεθύσκω, *fut.* μεθύσω, Enivrer.
Μεθύω, Être ivre.
Μηνίω, Être irrité.
Μηνύω, Indiquer, Faire connaître.
Μιμνήσκω, Faire ressouvenir, Rappeler à quelqu'un.
Μνημονεύω, Se souvenir, Savoir par cœur.
Μνηστεύω, Se marier, Rechercher en mariage, Ambitionner.
408. Μοχλεύω, Remuer avec un levier.
Μύω, Serrer, Fermer les yeux.
Ναίω, Habiter, Demeurer.
Νεανισκεύω, Être jeune, Devenir jeune homme.
Νεύω, Faire un signe de tête, Accorder.
Νέω, Nager, Aller, Revenir, Entasser.
Νηστεύω, Jeûner.
Νομεύω, Faire paitre, Habiter.
Νυχεύω, Passer la nuit, Veiller.
Ξύω, Racler, Ratisser.
409. Ξύω, Polir, Gratter.
Ὁδεύω, Faire route, Voyager.
Ὀρθρεύω, Se lever matin.
Ὀφείλω, *fut.* Ὀφειλήσω, Devoir.
Ὄφλω, Être condamné.
Παγιδεύω, Prendre au filet.
Παιδεύω, Instruire, Former.
Παίω, Frapper, Secouer.
Πάσχω, *fut.* πείσομαι, Souffrir, Endurer.
Παύω, Mettre un terme, Finir.
410. Πάω, *fut.* πάσομαι, Posséder, Acquérir.
Πεζεύω, Aller à pied.
Πίνω, *fut.* πώσω, Boire, Avaler.
Πίπτω, *f.* πτώσω, Tomber, Tomber mort.
Πιστεύω, Croire, Espérer.
Πλέω, Naviguer.
Πληθύω, Être nombreux, Être rempli de monde.
Ποιπνύω, S'empresser, Agir avec activité.
Πολιτεύω, Administrer.
Πρέπω, Être remarquable.
411. Πρεσβεύω, Être ambassadeur.
Προφητεύω, Prédire l'avenir, Prophétiser.
Πρωτεύω, Tenir le premier rang.
Πτύω, Cracher, Vomir.
Ῥαβδεύω, Battre de verges.
Ῥέω, *fut.* ῥεύσω, Couler, Ruisseler.
Ῥηγνύω, Rompre, Briser.
Ῥύω, Traîner, Tirer.
Ῥώω, Fortifier.
Σαγηνεύω, Prendre comme dans un filet.
412. Σαλεύω, Être agité par les flots.
Σείω, Secouer, Agiter.
Σκυλεύω, Dépouiller.
Σπλαγνεύω, Consulter les entrailles des victimes.
Στιβεύω, Battre la campagne.
Στρατεύω, Entreprendre une expédition militaire.
Στρατοπεδεύω, Asseoir un camp, Camper.
Συγγηρασκω, *fut.* ασω, Vieillir.
Σωρεύω, Entasser, Amasser.
Σώω, Sauver, Conserver.
413. Ταλαντεύω, Peser, Tenir en suspens.
Τιτρώσκω, *fut* τρώσω, Blesser, Percer.
Τίω, Honorer, Chérir.
Τορεύω, Tourner, Ciseler.
Ὕω, Pleuvoir, Mouiller.
Φιτύω, Semer, Planter.
Φονεύω, Tuer, Assassiner.
Χωλεύω, Boiter.
Ὠρύω, Rugir, Hurler.

EXERCICES SUR LES VERBES PRÉCÉDENTS.

Vous contraindrez. Les orateurs parleront. Ils ont chassé. Écoutez. Nous sommes convaincus. Vous avez mal agi. Je ne plais pas. Tu inventais. Nous avons monté avec rapidité. Ils achèveront. Vous abreuviez. J'arroserai. Nous nous sommes réconciliés. Ils se sont distingués à la bataille. Devant comploter. Que nous dussions puiser. Avoir été augmenté. Étant allumé. Nous serons détournés tous deux. Les cavaliers se sont enfuis à toutes brides. La prêtresse était transportée d'une fureur bachique. Les deux princes qui gouvernent. Les bêtes féroces ont mangé. Le bœuf broutera. Vous délibérez. Nous nous glorifierons tous deux. Nous fûmes charmés. Vous fûtes esclaves. Vous serez frappés d'étonnement tous deux. L'homme pieux rend un culte à Dieu. Les solitaires mènent une vie privée. Les pilotes se sont mis en danger. Vous avez frappé. Les ennemis se sont rendus maitres de la ville et ont exercé des brigandages. Les gardiens ont passé la nuit. Nous serons condamnés tous deux. Le prêtre a consulté les entrailles des victimes.

EXERCICES GRECS.

70. Ξίφος τιτρώσκει σῶμα, τὸν δὲ νοῦν λόγος.
71. Ἡ μέθη μικρὰ μανία ἐστι.
72. Ὡς συμπόσιον χωρὶς ὁμιλίας, οὕτω πλοῦτος χωρὶς ἀρετῆς οὐδὲν ἡδονῆς ἔχει.
73. Αἱ κτήσεις τῆς ἀρετῆς μόναι βέβαιαί εἰσιν.
74. Ὁ θυμὸς ἀλόγιστος εστί.
75. Ὁ πλοῦτος θνητὸς, ἡ δόξα ἀθανατος.
76. Ἅπαντες οἱ λέοντές εἰσιν ἄλκιμοι.
77. Οἱ πέρδικες ἐν τῃ Αττικῃ εὔφονοι, οἱ δὲ ἐν Βοιωτιᾷ ἰσχνόφωνοι ἦσαν.
78. Οἱ Φοίνικες τῳ Ἡρακλεῖ ὄρτυγας ἔθυον.
79. Ἡ φύσις ἄνευ μαθήσεως τυφλον, (on sous-entend χρῆμα) ἡ δέ μαθήσις ἄνευ φύσεως ἐλλιπές.
80. Ἄργος ὁ πανόπτης ὀφθαλμοὺς εἶχεν ἐν παντί τῷ σώματι.
81. Δόξα καὶ πλοῦτος ἄνευ συνέσιος οὐκ ἀσφαλέα κτήματα.
82. Ἀρετῆς οὐδὲν χρῆμα σεμνότερον, οὐδὲν βεβαιότερόν ἐστιν.
83. Πᾶσα δύναμις καί πᾶς πλοῦτος ἠπείκει τῇ ἀρετῃ.

Imp. E. Dézairs, à Blois.

N° 26.

ENSEIGNEMENT MUTUEL.

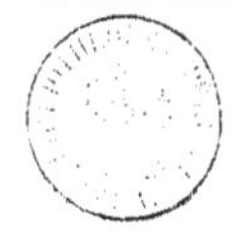

MÉTHODE GRECQUE.

VERBES CONTRACTES sur φιλέω. (ACTIF.) Les autres temps sur λύω.

	INDICATIF. PRÉSENT.	INDICATIF. IMPARFAIT.	IMPÉRATIF.	SUBJONCTIF.	OPTATIF.	INFINITIF.	PARTICIPES.
S. 1.	έω, ῶ,	εον, ουν,		έω, ῶ,	έοιμι, οἶμι,	έειν, εῖν,	M. έων, ὢν,
2.	έεις, εῖς,	εες, εις,	εε, ει,	έῃς, ῇς,	εοις, οῖς,		εοντος, ουντος,
3.	έει, εῖ,	εε, ει,	εετω, είτω,	έῃ, ῇ,	έοι, οῖ,		
P. 1.	έομεν, οῦμεν,	έομεν, οῦμεν,		έωμεν, ῶμεν,	έοιμεν, οἶμεν,		F. έουσα, οῦσα,
2.	έετε, εῖτε,	έετε, εῖτε,	εέτε, εῖτε,	έητε, ῆτε,	έοιτε, οῖτε,		εούσης, οῦσης,
3.	έουσι, οῦσι,	εον, ουν,	εέτωσαν, είτωσαν,	έωσι, ῶσι,	έοιεν, οῖεν,		N. εον, οῦν,
D. 2.	έετον, εῖτον,	εετον, εῖτον,	έετον, εῖτον,	έητον, ῆτον,	έοιτον, οῖτον,		έοντος, οῦντος.
3.	έετον, εῖτον,	εέτην, είτην,	εέτω, είτων,	έητον, ῆτον,	εοίτην, οίτην,		

CONJUGUEZ sur φιλέω

Ἀγαθοποιέω, Faire du bien, Faire le bien.
414. Ἀγανακτέω, S'indigner, Se mettre en colère.
Ἀγνοέω, Ne pas connaître, Méconnaître.
Ἀγνωμονέω, Agir avec ignorance, Manquer de prudence.
Ἀγραυλέω, Passer la nuit dans les champs.
Ἀγρυπνέω, Veiller.
Ἀδημονέω, Tomber dans l'abattement, Se chagriner.
Ἀδικέω, Faire une injustice.
Ἀδοξέω, Ne pas jouir de la considération publique.
Ἀδυνατέω, Être incapable de.
Ἀθυμέω, Perdre courage.
415. Αἱμοῤῥέω, Avoir un flux de sang.
Αἱρεω, Prendre, Emporter, Vaincre.
Αἰτέω, Demander.
Αἰωρέω, Élever, Suspendre.
Ἀκολουθέω, Suivre, Accompagner.
Ἀλγέω, Sentir de la douleur.
Ἀλεξέω, Repousser, Escorter.
Ἀλισγέω, Souiller.
Ἀμελέω, Négliger, Ne pas se mettre en peine.
Ἀμηχανέω, Ne savoir que faire, Être dans l'embarras.
416. Ἀμνημονέω, Ne pas se souvenir.
Ἀνθέω, Être en fleurs.
Ἀνθομολογέω, Convenir de ses fautes.
Ἀνοικοδομέω, Rebâtir.
Ἀντλέω, Puiser.
Ἀπρακτέω, Ne rien faire, Ne rien obtenir.
Ἀποθέω, Repousser, Rejeter.

Ἀργέω, Être oisif.
Ἀριθμέω, Compter.
Ἀρκέω, *fut.* εσω, Repousser, Secourir.
417. Ἀσεβέω, Agir avec impiété, Être irréligieux.
Ἀσθενέω, Être faible, Être malade.
Ἀσκαρδαμυκτέω, Regarder fixement.
Ἀσκέω, Exercer une chose, S'y appliquer.
Ἀτρεμέω, Ne point trembler, Être calme.
Ἀτυχέω, Avoir du malheur, Ne pas obtenir.
Αὐλέω, Jouer de la flûte.
Αὐτομολέω, Déserter.
Αὐχέω, Se vanter.
Ἀφαιρέω, Oter, Enlever.
418. Ἀφειδέω, Ne pas épargner.
Ἀφυλακτέω, Ne pas se tenir sur ses gardes.
Ἀχαριστέω, Être ingrat.
Ἀχθοφορέω, Porter des fardeaux.
Βαρέω, Charger, Accabler.
Βαττολογέω, Balbutier, Bavarder.
Βλασφημέω, Injurier, Porter atteinte.
Βοηθέω, Venir au secours, Protéger.
Γαμέω, Se marier, Épouser.
Γαμωνέω, Parler d'un ton élevé.
419. Γεωργέω, Cultiver, Labourer.
Γονυπετέω, Tomber aux genoux de quelqu'un.
Γρηγορέω, Veiller.
Δακρυρροέω, Fondre en larmes.
Δακρυχέω, Verser des larmes, Pleurer.

Δειπνέω, Souper, Manger.
Δειπνοποιέω, Préparer le souper.
Δεσμέω, Lier, Mettre en prison.
Δηλέω, Nuire, Gâter, Ravager.
Δημογωγέω, Mener le peuple, Populariser.
420. Δημογορέω, Haranguer le peuple.
Δημιουργέω, Fabriquer, Former.
Δικαιολογέω, Plaider, Se défendre en justice.
Διοικέω, Habiter séparément, Administrer.
Διχτομέω, Séparer en deux.
Διωθέω, Dispenser, Dissiper.
Δοκέω, Estimer, Penser, Sembler.
Δορυφορέω, Garder un prince, Défendre.
Δυσανασχεθέω, Supporter avec peine.
Δυστυχέω, Être malheureux.
421. Δυσωπέω, Faire rougir.
Δωρέω, Donner en présent.
Ἐγκαλέω, Appeler en justice, Accuser.
Ἐγκαρτερέω, Supporter avec patience.
Ἐγχειρέω, Mettre la main à l'œuvre, Entreprendre.
Ἐγχέω, Verser.
Ἐθελοκακέω, Se comporter en lâche.
Εἰδέω, *fut.* ησω, Savoir, Connaître.
Ἐλεέω, Avoir pitié.
Ἐμεω, *f.* εσω, Vomir.
422. Ἐρρέω, Dire, Annoncer.
Ἐρωέω, Couler, Se porter avec impétuosité.
Εὐδαιμονεω, Être heureux.
Εὐεργετέω, Faire du bien.

Εὐημερέω, Couler d'heureux jours.
Εὐθυδρομεω, Diriger sa course.
Εὐθυμέω, Avoir bon courage.
Εὐκαιρέω, Avoir le temps de.
Εὐλογέω, Louer, Bénir.
Εὐνοέω, Être bienveillant.
423. Εὐορκέω, Jurer de bonne foi.
Εὐπλοέω, Naviguer heureusement.
Εὐπορέω, Pouvoir, Avoir la faculté de.
Εὐτυχέω, Être heureux, Obtenir.
Εὐφημέω, Célébrer, Féliciter.
Εὐφορέω, Être fertile.
Εφρονέω, Être prudent.
Εὐχαριστέω, Rendre grâce.
Εὐωχέω, Régaler, Charmer.
Ἐχεμυθέω, S'abstenir de parler.
424. Εχθοδοπέω, Être détesté, Être odieux.
Ζηλοτυπέω, Être jaloux, Porter envie.
Ζητέω, Chercher, Désirer.
Ζωγρέω, Rappeler à la vie, Vivifier.
Ζωογονέω, Donner la vie, Animer.
Ζωοποιέω, Engendrer.
Ἡδυπαθέω, Se livrer entièrement aux plaisirs, Mener une vie voluptueuse.
Ἡμεροδρομέω, Courir pendant tout le jour.
Ἠρεμέω, Être calme, Être en repos.
Ἠχέω, Sonner, Retentir.
425. Θαμβέω, Être frappé de stupeur.
Θαρρέω, Avoir du courage, Se rassurer.
Θεοκλυτέω, Invoquer les dieux.

Θεομαχέω, Combattre contre les dieux.
Θεοπροπέω, Prédire l'avenir, Prophétiser.
Θεωρέω, Voir, Regarder, Contempler.
Θορυβέω, Exciter du tumulte.
Θρηνέω, Pleurer, Se lamenter.
Θροεω, Parler tumultueusement.
Θρυλλεω, Raconter, Publier.
426. Θυμομαχεω, Combattre avec animosité.
Ἱεροσυλεω, Commettre un sacrilége.
Ἱερουργεω, Faire des sacrifices.
Ἱππαρχεω, Être commandant de la cavalerie.
Ἱππομαχεω, Combattre à cheval.
Ἰσομοιρεω, Recevoir une portion égale.
Ἱστορεω, Connaître, Rapporter dans l'histoire.
Ἰχθυοφαγεω, Vivre de poisson.
Καθαιρεω, Abattre, Ruiner.
Καθηδυπαθεω, Passer le temps dans les plaisirs.
427. Καινοποιεω, Innover.
Κακολογεω, Injurier, Maudire.
Κακοπαθεω, Souffrir, Être affligé.
Κακοποιεω, Maltraiter.
Κακουργεω, Être méchant, Agir avec fraude.
Καλεω, *fut.* εσω, Appeler.
Καλινδεω, Rouler.
Καλλιερεω, Faire un sacrifice.
Καραδοκεω, Attendre avec inquiétude.
Καρποφορεω, Produire.
428. Καρτερεω, Supporter, Endurer patiemment.

EXERCICES SUR LES VERBES PRÉCÉDENTS.

Les roses sont en fleurs. Les bergers passent la nuit dans les champs pendant l'été. La jeune fille est tombée dans l'abattement. L'âne se mit en colère. La ville est prise. Une injustice a été faite. Ce magistrat ne jouit pas de la considération publique. Le comédien jouait de la flûte. Nous fûmes estimés. Les ennemis ravagent les campagnes. Le cheval et le mulet portent des fardeaux. La sentinelle n'était pas sur ses gardes. Nos légions ont bon courage. Les solitaires coulent d'heureux jours. Plusieurs généraux se sont comportés en lâches. Les riches n'ont pas pitié des pauvres. Nous nous sommes maltraités. Nous mettrons la main à l'œuvre. Cinq voleurs ont commis un sacrilége pendant la nuit. Nos champs qui sont fertiles ont été cultivés. Le cocher fut frappé de stupeur. Le traître est tombé aux genoux du prince. Vous combattiez à cheval. Vous couriez pendant tout le jour. Le héraut parlait d'un ton élevé. Nous sommes secourus. Vous serez demandés. Nous nous sommes popularisés tous deux. Nous nous sommes lamentés. Ce fait est rapporté dans l'histoire. Le prêtre faisait des sacrifices.

Imp. E. Dézairs, à Blois.

N° 27.

ENSEIGNEMENT MUTUEL.

MÉTHODE GRECQUE.

VERBES CONTRACTES sur Φιλέω. (Voix passive.)

	INDICATIF. PRÉSENT.	INDICATIF. IMPARFAIT.	IMPÉRATIF.	SUBJONCTIF.	OPTATIF.	INFINITIF.	PARTICIPES.
S. 1.	έομαι, οῦμαι,	εόμην, ούμην,		έωμαι, ῶμαι,	εοίμην, οίμην,	έεσθαι, εῖσθαι,	M. εόμενος, ούμενος,
2.	έῃ, ῇ,	έου, οῦ,	έου, οῦ,	έῃ, ῇ,	έοιο, οῖο.		εομενου, ουμένου,
3.	έεται, εῖται,	έετο, εῖτο,	εέσθω, είσθω,	έηται, ῆται,	έοιτο, οῖτο,		
P. 1.	εόμεθα, ούμεθα,	εόμεθα, ούμεθα,		εώμεθα, ώμεθα,	εοίμεθα, οίμεθα,		F. εομένη, ουμένη,
2.	έεσθε, εῖσθε,	εεσθε, εῖσθε,	έεσθε, εῖσθε,	έησθε, ῆσθε,	έοισθε, οῖσθε,		εομένης, ουμένης.
3.	έονται, οῦνται,	έοντο οῦντο	εέσθωσαν, εισθωσαν,	εωνται, ῶνται,	έοιντο, οῖντο,		
D. 1.	εόμεθον, ουμεθον,	εόμεθον, ούμεθον,		εώμεθον, ώμεθον,	εοίμεθον, οίμεθον,		N. εόμενον, ούμενον,
2.	έεσθον, εῖσθην,	έεσθον, εῖσθον,	εεσθον, εῖσθον,	έησθον, ῆσθον,	έοίσθον, οῖσθον,		εόμένου, ουμένου.
3.	έεσθον, εῖσθην,	εεσθην, εἰσθην,	εεσθον, είσθων,	έησθον, ῆσθον,	έοίσθην, οίσθην,		

CONJUGUEZ LES VERBES SUIVANTS.

Κεντέω, Piquer. Aiguillonner.
Κηλέω, Charmer, Séduire.
Κληρονομέω, Être héritier, Hériter.
Κοινονέω, Participer à.
Κομέω, Avoir soin, Nourrir.
Κορέω, Rassasier.
Κοσμέω, Mettre en ordre.
Κοτέω, Être en colère.
429. Κρατέω, Commander, Dominer.
Κρεουργέω. Couper par morceaux.
Κρεωφαγέω, Manger de la viande.
Κροτέω, Faire du bruit.
Κυρέω, Être, Trouver, Se trouver.
Κυκλέω, Tourner, Faire tourner.
Λακέω, Faire du bruit, Craquer.
Λαλέω, Parler, Dire.
Λατομέω, Creuser le roc, Tailler.
Λεηλατέω, Butiner, Ravager.
430. Λειποψυχέω, Rendre l'âme, Expirer.
Λειτουργέω, Exercer une fonction publique.
Λευχειμωνέω, Être habillé de blanc.
Ληρέω, Niaiser, Radoter.
Λιθοβολέω, Lapider.
Λιθοποιέω, Changer en pierre.
Λιμοκτονέω, Faire mourir de faim.
Λιπαρέω, Persister, Demander.
Λογοποιέω, Faire des fables.
Λοιδορέω, Injurier.

431. Λυπέω, Attrister, Chagriner.
Λυσιτελέω, Être utile et avantageux.
Μακροθυμέω, Souffrir.
Μαρθυρέω, Être témoin, Rendre témoignage.
Μεγαλαυχέω, Se vanter.
Μεμψιμοῖρέω, Accuser le destin.
Μεσολαβέω, Intercepter.
Μιαιφονέω, Faire un meurtre.
Μισέω. Haïr. Avoir de la répugnance.
Μνησικακέω, Garder rancune.
432. Μογέω, Travailler.
Μοχθέω, Souffrir, Travailler.
Ναυμαχέω, Livrer un combat naval.
Ναυπηγέω, Construire un vaisseau.
Νεικέω, Quereller, Invectiver.
Νεκραγωγέω, Conduire les morts.
Νοέω, Rouler dans son esprit, Penser.
Νομοτεθέω, Établir des lois.
Νοσέω, Être malade.
Νοστέω, Venir, Aller.
433. Νουθετέω, Avertir, Chercher à persuader.
Νυκτομαχέω, Combattre de nuit.
Ξεναγέω, Conduire des hôtes.
Ξενολογέω, Enrôler des soldats.
Ξενοκτονέω, Tuer des hôtes, Les sacrifier.
Ὁδηγέω, Conduire, Guider.
Ὁδοιπορέω, Faire route.
Οἰκέω, Habiter, Demeurer.
Οἰκοδομέω, Bâtir, Construire.
Οἰκονομέω, Administrer, Régler.

434. Οἰκουρέω, Garder la maison.
Οἰνοχοέω, Verser à boire.
Ὀκνέω, Être paresseux.
Ὀλιγορέω, Négliger, N'avoir nul soin.
Ὁμιλέω, Fréquenter.
Ὁμογνωμονέω, Être du même sentiment.
Ὁμολογέω, Être de l'avis de, Convenir.
Ὁμονοέω. Être d'accord. Vivre avec quelqu'un en bonne intelligence.
Ὁμορεω, Confiner, Être voisin.
Ὁμοφροέω, Penser de même.
435. Ὀνειροπολέω, Rêver, Voir songe.
Ὁπλομαχέω, Combattre avec les armes.
Ὀχέω, Porter, Supporter.
Ὀχθέω, S'indigner, Supporter avec peine.
Ὀχλέω, Troubler, Agiter.
Ὀχλοποιέω, Exciter la multitude.
Ὀψονέω, Faire les provisions de bouche.
Παιδαγωγέω, Instruire les enfants.
Παιδοποιεω, Engendrer.
Παταγέω, Faire du fracas, Craquer.
436. Πατέω, Fouler aux pieds.
Πειθαρχέω, Obéir au prince.
Πενθέω, Pleurer, Se chagriner.
Πλέω, Naviguer.
Πλημμελέω, Se mal comporter, Pécher.

Πληροφορέω, Confirmer.
Πλουτέω, Devenir riche.
Ποθέω, Désirer.
Ποιέω, Faire, Fabriquer.
Πολεμέω, Faire la guerre.
437. Πολιορκέω, Assiéger.
Πολυπραγμονέω, Se mêler de tout.
Πονέω, Travailler.
Πορθέω, Détruire, Saccager.
Πτοέω, Consterner, Épouvanter.
Πολέω, Vendre.
Πυρπολέω, Incendier.
Ῥαβδουχέω, Porter les faisceaux.
Ῥαδιουργέω, Se porter facilement au crime.
Ῥαθυμέω, Être paresseux.
438. Ῥαψωδέω, Célébrer en vers.
Ῥιζοτομέω, Couper des racines.
Ῥιζοφαγεω, Manger des racines.
Ῥυμοτομέω, Diviser en rues.
Σιδηροφορέω, Être armé.
Σιτέω, Nourrir.
Σιτοποιέω, Faire du pain.
Σκευωρέω, Visiter, Examiner avec soin.
Σκοπέω, Regarder, Contempler.
Σκυτομέω, Travailler le cuir.
439. Σοβέω, Pousser, Chasser.
Στερέω, Frustrer, Priver.
Στοιχέω, Marcher, Aller en ordre.
Στρατηγέω, Conduire une armée, Être général.
Στυγεω, *fut.* στύξω, Haïr, Détester.

Σωμασκεω, Exercer son corps.
Σωφρονεω, Être prudent.
Ταλαιπορεω, Être misérable.
Ταρβεω, Être saisi de crainte.
Τελεω, Finir, Achever, Perfectionner.
440. Τερεω, Garder, Conserver.
Τιμωρεω, Punir, Châtier.
Τοιχωρυχεω, Percer les murs.
Τραγῳδεω, Représenter une tragédie.
Ὑλακτεω, Aboyer.
Ὑμνεω, Célébrer en vers, Louer.
Φθονεω, Envier, Porter envie.
Φιλομαχεω, Désirer ardemment le combat.
Φιλονεικεω, Quereller, Disputer.
Φιλοπονεω. Aimer le travail.
441. Φιλοσοφεω, Aimer la sagesse, Philosopher.
Φρουρεω, Garder, Observer.
Φονεω, Parler, Dire.
Χειροτονεω, Lever, Étendre la main.
Χραισμεω, Aider, Être utile.
Χρονοτριβεω, Perdre le temps.
Χρυσολογεω, Parler d'or.
Χωρεω, Venir, Aller, Partir.
Ψευδομαρτυρεω, Porter un faux témoignage.
Ψηφοφορεω, Porter son suffrage.
442. Ψοφεω, Faire du bruit.
Ψυχαγωγεω, Séduire, Conduire les âmes.
Ὠθεω, Pousser avec violence.
Ὠφελεω, Aider, Servir.

EXERCICES SUR LES VERBES CI-DESSUS.

Vous et moi, nous sommes témoins. Nous avons mis en ordre les livres de la bibliothèque. Les bêtes féroces se nourrissent de chair. Nous sommes rassasiés. Vous radotiez. Vous aviez de la répugnance, pour ce travail. Nous garderons la maison. Devant faire les provisions de bouche. J'ai vécu en bonne intelligence avec vous. Ils ont combattu de nuit. Le maître instruit les enfants. Les scélérats se portent facilement au crime. Nous n'avons pas voulu porter un faux témoignage. Nous irons porter notre suffrage. Ce disciple se comportait mal. Les soldats sont armés. Plusieurs maisons ont été bâties dans ce village. Plusieurs ont été incendiées. La moisson est détruite par la grêle. Les princes très courageux désirent ardemment le combat. Le château a été visité avec soin par nous. Le vainqueur a fait mourir de faim les prisonniers. Nous ne sommes pas du même sentiment. Soyez prudents, mes amis, aimez le travail. Ne perdez pas le temps, et vous serez animés.

Imp. E. Dézairs, à Blois.

N° 28.

ENSEIGNEMENT MUTUEL.

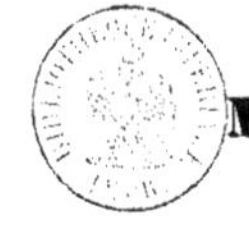

MÉTHODE GRECQUE.

VERBES CONTRACTES sur Τιμάω.

		INDICATIF. Présent.	INDICATIF. Imparfait.	IMPÉRATIF.	SUBJONCTIF.	OPTATIF.	INFINITIF.	PARTICIPES.
ACTIF.	S. 1.	άω, ῶ,	αον, ων,		άω, ῶ,	άοιμι, ῷμι,	άειν, ᾶν,	M. άων, ῶν,
	2.	άεις, ᾶς,	αες, ας,	αε, α,	άῃς, ᾷς,	άοις, ῷς,		άοντος, ῶντος,
	3.	άει, ᾷ,	αε, α,	αετω, άτω,	άῃ, ᾷ,	άοι, ῷ,		
	P. 1.	άομεν, ῶμεν,	άομεν, ῶμεν,		άωμεν, ωμεν,	άοιμεν, ῷμεν,		F. άουσα, ῶσα,
	2.	άετε, ᾶτε,	άετε, ᾶτε,	άετε, ᾶτε,	άητε, ατέ,	άοιτε, ῷτε,		αουσης, ώσης,
	3.	άουσι, ῶσι,	αον, ῶν,	αετωσαν, άτωσαν,	άωσι, ώσι,	άοιεν, ῷεν,		
	D. 1.							N. άον, ῶν,
	2.	άετον, ᾶτον,	άετον, ᾶτον,	αετον, ᾶτον,	άητον, άτον,	άοιτον, ῷτον,		αοντος, ῶντος,
	3.	άετον, ᾶτον,	αετην, άτην,	αετων, αετων,	αητον, ᾶτον,	αοίτην, ῴτην,		
PASSIF.	S. 1.	αομαι, ῶμαι,	αόμην, ώμην,		αωμαι, ῶμαι.	αοίμην, ῴμην,	άεσθαι, ᾶσθαι,	M. αόμενος, ώμενος,
	2.	αῃ, ᾷ,	ου, ῶ,	άου, ῶ,	άῃ, ᾷ,	άοιο, ῷο,		αομένου, ωμένου,
	3.	αεται, ᾶται,	άετο, ᾶτο,	αεσθω, άσθω,	άηται, ᾶται,	άοιτο, ῷτο,		
	P. 1.	αόμεθα, ώμεθα,	αόμεθα, ώμεθα,		αώμεθα, ώμεθα,	αοίμεθα, ῴμεθα,		F. αομενη, ωμενη,
	2.	άεσθε, ᾶσθε,	αεσθε, ᾶσθε,	άεσθε, ᾶσθε,	άησθε, ᾶσθε,	άοισθε, ῷσθε,		αομενης, ωμενης,
	3.	άονται, ῶνται,	αοντο, ῶντο,	αεσθωσαν, ασθωσαν,	άωνται, ῶνται,	άοιντο, ῷντο,		
	D. 1.	αόμεθον, ωμεθον,	αόμεθον, ώμεθον,		αώμεθον, ώμεθον,	αοίμεθον, ῴμεθον,		N. αόμενον, ώμενον,
	2.	αεσθον, ᾶσθον,	εσθον, ᾶσθον,	άεσθον, ᾶσθον,	άησθον, ᾶσθον,	άοισθον, ῷσθον,		αομενου, ωμενου.
	3.	αεσθον, ᾶσθον,	αεσθην, άσθην,	αεσθων, ᾶσθων,	άησθον, ᾶσθον,	αοισθην, ῴσθην,		

CONJUGUEZ sur Τιμάω.

Ἀγαλλιάω, *fut.* ασω, Être transporté de joie.
Ἀγαπάω, Aimer, Être content.
Ἀκονάω, Aiguiser, Exciter.
Ἀνερτάω, Interroger.
Ἀνηβάω, Redevenir jeune.
Ἀνιάω, Affliger, Attrister, Désoler.
443. Ἀροτριάω, Labourer.
Ἀτιμάω, Flétrir, Déprécier.
Αὐδάω, Parler, Dire.
Αὐχμάω, Être desséché par la chaleur.
Ἀφοράω, Tourner ses regards.
Βοάω, Crier, Appeler.
Βροντάω, Tonner.
Γαληνιάω, Être serein, Être calme.
Γειτνιάω, Être voisin.
Γελάω, *fut.* ασω, Rire, Se moquer.
444. Γεννάω, Engendrer.
Γεράω, Vieillir.
Δαμάω, Dompter.
Δαπανάω, Dépenser.
Δειλιάω, Être timide, Craindre.
Δηϊόω, Dévaster, Mettre à feu et à sang.
Διεροτάω, Interroger, Demander.
Διψάω, Avoir soif, Désirer ardemment.
Δράω, *fut.* ασω, Fuir, Agir, Faire.
Ἐάω, Laisser, Permettre.
445. Ἐράω, Aimer, Désirer.
Ἐροτάω, Interroger, Demander.
Ἑστιάω, Donner un festin.
Ἠπάω, Recoudre, Raccommoder.
Θηράω, Chasser, Poursuivre.
Θοινάω, Faire festin, Manger, Dévorer.
Θυμάω, Brûler de l'encens.
Καθιστάω, Établir, Constituer.
Κατοράω, Regarder en bas.
Κλάω, *fut.* ασω, Rompre, Briser.
446. Κοιμάω, Dormir, Mourir.
Κολλάω, Coller, Attacher.
Κολυμβάω, Nager.
Κονιάω, Crépir, Blanchir.
Κορυβαντιάω, Entrer en fureur.
Κορυζάω, Être enrhumé.
Κρεμάω, Suspendre.
Κυβερνάω, Gouverner, Diriger.
Κυκαω, Mélanger, Troubler.
Λημαω, Avoir les yeux malades.
447. Λικμαω, Cribler, Mettre en pièces.
Λυσσαω, Être enragé.
Μειδιαω, Sourire.
Μελαγχολαω, Être mélancolique.
Μελεταω, Avoir soin.
Μεριμναω, Être inquiet.
Μηρυκαω, Ruminer.
Μηχαναω, Machiner, Tramer.
Μναω, Faire ressouvenir.
Μυδαω, Se pourrir.
448. Ναυτιαω, Vomir.
Νεμεσαω, Être saisi d'une juste indignation.
Νικαω, Vaincre.
Νωμαω, Distribuer, Diviser.
Ξυγκυκαω, Bouleverser.
Ξυραω, Raser.
Ὀδυναω, Chagriner, Causer de la douleur.
Ὀπταω, Rôtir.
Ὁραω, Regarder, Examiner.
Ὁρμαω, Se précipiter avec impétuosité.
449. Πεδαω, Mettre les fers aux pieds, Lier.
Πειναω, Avoir faim.
Πειραω, Tâcher, Essayer.
Περαω, Passer, Traverser.
Περοναω, Traverser.
Πεταω, Ouvrir, Déployer.
Πλαναω, Induire en erreur. Tromper.
Πνευστιαω, Habiter.
Ποτνιαω, Implorer, Supplier.
Σιγαω, Garder le silence.
450. Σιωπαω, Se taire.
Σκιρταω, Sauter, Gambader, Bondir.
Σπαθαω, Être prodigue.
Σπαω, Tirer, Humer.
Ταλαω, Supporter.
Τελευταω, Finir. Mourir.
Τλαω, Souffrir, Supporter.
Τολμαω, Avoir de l'audace, Être hardi.
Τρυγαω, Récolter les fruits de la terre.
Τρυπαω, Trouer, Percer.
451. Τρυφαω, Vivre mollement.
Ὑφοραω, Soupçonner. Craindre.
Φοιταω, Aller, Venir, Être insensé.
Φορκαω, Surprendre.
Χαλαω, Lâcher, Relâcher.
Χολαω, Se mettre en colère, Être en furie.
Χραω, Prêter, Prévenir, Souiller.
Ψηλαφαω, Toucher, Tâtonner.

EXERCICES SUR LES VERBES PRÉCÉDENTS.

Les enfants sont transportés de joie, en voyant leur mère (en εν τῳ et infinit.). Nous aimons la paix. Nous excitons nos élèves au travail. Les écoliers sont interrogés. Vous êtes affligés. Les habitants de la campagne labouraient les terres. La réputation de cette femme a été flétrie. Les fleurs de notre jardin sont desséchées par la chaleur du soleil. Étant en pays étranger, nous tournons nos regards vers notre patrie. Les ennemis cruels ont mis cette ville riche à feu et à sang. Vous désirez ardemment la justice. Trente soldats sont morts. La province est troublée. Ce chien a les yeux malades. Le général vaincu fut saisi d'indignation.

EXERCICES GRECS.

84. Οὐδεν της εὐμορφίας ὄφελος, ὅταν τις μὴ φρένας ἔχῃ.
85. Ὁ φθονέων ἑαυτὸν ὡς ἐχθρὸν λυπέει.
86. Ἀγαθοῦσιν ὁμίλεε.
87. Θαρσος σὺν λογῳ αἰνεῖ, το δὲ μετὰ αλογίας ἐν αποστυγεῖ.
88. Πολλοὶ δοκέοντες ἑαυτους φιλεῖν, οὐκ ἀληθῶς φιλοῦσιν.
89. Μηδενὶ φθονεῖ.
90. Οἱ πλεονεκτοῦντες πολεμοῦσιν ἀεὶ, τὸ ἐπιβουλεύειν καὶ φθονεῖν ἔμφυτον ἔχοντες.
91. Ορφεὺς ᾄδων ἐκίνει λίθους τε καὶ δένδρα.

Imp. E. Dézairs, à Blois.

Nº 29.

ENSEIGNEMENT MUTUEL.

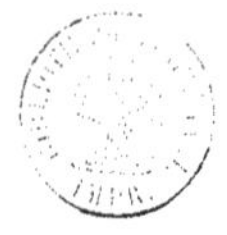

MÉTHODE GRECQUE.

VERBES CONTRACTES sur Δηλόω.

		INDICATIF. Présent.	INDICATIF. Imparfait.	IMPÉRATIF.	SUBJONCTIF.	OPTATIF.	INFINITIF.	PARTICIPES.
ACTIF.	S. 1.	οω, ῶ,	οον, ουν,		οω, ῶ,	οοιμι, οἶμι,	οειν, οῦν,	M. οων, ῶν,
	2.	οεις, οῖς,	οες, ους,	οε, ου,	οῃς, οῖς,	οοις, οῖς,		οοντος, οῦντος,
	3.	οει, οῖ,	οε, ου,	οέτω, ουτω,	οῃ, οῖ,	οοι, οῖ,		
	P. 1.	οομεν, οῦμεν,	οομεν, οῦμεν,		οωμεν, ῶμεν,	οοιμεν, οῖμεν,		F. οουσα, οῦσα,
	2.	οετε, οῦτε,	οετε, οῦτε,	οετε, ουτε,	οητε, ῶτε,	οοιτε, οῖτε,		οούσης, ούσης,
	3.	οουσι, οῦσι,	οον, ουν,	οέτωσαν, ουτωσαν,	οωσι, ῶσι,	οοιεν, οῖεν,		
	D. 1.							N. οον, οῦν,
	2.	οετον, οῦτον,	οετον, οῦτον,	οετον, οῦτον,	οητον, ῶτον,	οοίτον, οῖτον,		οοντος, οῦντος,
	3.	οετον, οῦτον,	οέτην, ούτην,	οετων, ούτων,	οητον, ῶτον,	οοίτην, οίτην,		
PASSIF.	S. 1.	οομαι, οῦμαι,	οόμην, ούμην,		οωμαι, ῶμαι,	οοίμην, οίμην,	οεσθαι, οῦσθαι,	M. οόμενος, ούμενος,
	2.	οῃ, οῖ,	οου, οῦ,	οου, οῦ,	οῃ, οῖ,	οοιο, οῖο,		οομένου, ουμένου,
	3.	οεται, οῦται,	οετο, οῦτο,	οεσθω, ούσθω,	οηται, ῶται,	οοιτο, οῖτο,		
	P. 1.	οόμεθα, ούμεθα,	οόμεθα, ούμεθα,		οώμεθα, ώμεθα,	οοίμεθα, οίμεθα,		F. οομενη, ουμένη,
	2.	οεσθε, οῦσθε,	οεσθε, οῦσθε,	οεσθε, οῦσθε,	οησθε, ῶσθε,	οοισθε, οῖσθε,		οομενης, ουμενης,
	3.	οονται, οῦνται,	οοντο, οῦντο,	οέσθωσαν, ούσθωσαν,	οωνται, ῶνται,	οοιντο, οῖντο,		
	D. 1.	οόμεθον, ούμεθον,	οόμεθον, ούμεθον,		οώμεθον, ώμεθον,	οοίμεθον, οίμεθον,		N. οομενον, ούμενον,
	2.	οεσθον, οῦσθον,	οεσθον, οῦσθον,	οεσθον, οῦσθον,	οησθον, ῶσθον,	οοισθον, οῖσθον,		οομενου, ουμενου.
	3.	οεσθον, οῦσθον,	οέσθην, ουσθην,	οέσθων, ούσθων,	οησθον, ῶσθον,	οοίσθην, οισθην,		

CONJUGUEZ LES VERBES SUIVANTS.

Ἀγριόω, Rendre sauvage, Effarer.
Αἱματόω, Égorger.
452. Ἀκριβόω, Connaître parfaitement.
Ἀκυρόω, Annuler, Rendre inutile.
Ἀμαυρόω, Obscurcir.
Ἀνορθόω, Relever, Rebâtir.
Ἀξιόω, Juger digne.
Ἀσθενόω, Affaiblir.
Ἀτιμόω, Déshonorer, Traiter avec ignominie.
Ἀφιερόω, Consacrer, Dédier.
Ἀφομοιόω, Assimiler, Faire semblable.
Ἀφοσιόω, S'acquitter, Expier.
453. Ἀφυπνόω, S'endormir.
Βεβαιόω, Rendre ferme et stable.
Βεβηλόω, Profaner.
Βιόω, Vivre.
Γαυρόω, Être fier, S'enorgueillir.
Γεφυρόω, Jeter un pont.
Γυμνόω, Dépouiller, Mettre à nu.
Δηόω, Dévaster.
Δικαιόω, Croire juste, Apprécier.
Διορθόω, Corriger, Réformer, Rétablir.
454. Δολόω, Agir avec ruse, Tromper.
Δουλόω, Rendre captif, Subjuguer.
Ἐλαττόω, Diminuer, Rendre inférieur.
Ἐλευθερόω, Rendre libre, Affranchir.
Ἑλκόω, Ulcérer.
Ἐρημόω, Rendre désert, Dévaster.
Ζηλόω, Se piquer d'émulation, Envier.
Ζημιόω, Causer du mal, Nuire.
Ζυμόω, Faire fermenter.
Ἡμερόω, Adoucir, Apprivoiser.
455. Θανατόω, Faire mourir, Condamner à mort.
Θεμελιόω, Jeter les fondements.
Θυμόω, Exciter la colère.
Ἱδρόω, Suer.
Καθιερόω, Consacrer, Vouer.
Κακόω, Faire du mal, Tourmenter.
Καρόω, Endormir d'un profond sommeil.
Καρπόω, Procurer le fruit.
Κεφαλαιόω, Toucher, Parcourir.
Κληρόω, Prendre au sort.
456. Κοιλόω, Creuser.
Κοινόω, Communiquer.
Κολοβόω, Mutiler, Abréger.
Κραταιόω, Fortifier.
Κυρόω, Sanctionner, Qualifier.
Λυθρόω, Souiller de sang et de poussière.
Λυτρόω, Délivrer, Racheter.
Μαστιγόω, Fouetter, Flageller.
Μεσόω, Être au milieu.
Μεστόω, Remplir.
457. Μισθόω, Louer, Affermer.
Μονόω, Abandonner.
Νεόω, Renouveler.
Ξυλόω, Changer en bois.
Ὁμοιόω, Rendre semblable, Assimiler.
Ὁμοσκηνόω, Loger ensemble.
Ὀρθόω, Redresser.
Ὁρκόω, Faire jurer.
Ὁσιόω, Sanctionner, Purifier.
Ὀχυρόω, Fortifier.
458. Περαιόω, Faire passer.
Περατόω, Finir, Déterminer.
Πηρόω, Estropier, Mutiler.
Πληρόω, Remplir.
Πυρόω, Allumer, Enflammer.
Πυρακτόω, Faire rougir au feu.
Πωρόω, Pétrifier, Endurcir.
Σαρόω, Balayer, Nettoyer.
Σκηνόω, Dresser une tente, Habiter.
Σπαργανόω, Envelopper de langes.
459. Σταυρόω, Crucifier.
Στερεόω, Rendre solide, Fortifier.
Στεφανόω, Couronner.
Ταπεινόω, Abaisser.
Τελειόω, Finir, Accomplir.
Τυπόω, Former, Figurer.
Τυφλόω, Aveugler, Être aveugle.
Τυφόω, Enfumer, Rendre orgueilleux.
Ὑψόω, Lever en haut, Achever.
Φαιδρόω, Rendre clair, Égayer.
460. Φανερόω, Manifester.
Φιλιόω, Rendre ami.
Φιμόω, Réduire au silence.
Φραγελλόω, Flageller, Fouetter.
Χαριτόω, Rendre gracieux, Bien accueillir.
Χειρόω, Subjuguer, Soumettre par la force.
Χολόω, Mettre en colère.
Χόω, Amonceler, Élever.
Χρόω, Colorer, Teindre.

EXERCICES SUR LES VERBES PRÉCÉDENTS.

Vous connaissez parfaitement la grammaire. Les paroles de l'orateur sont rendues inutiles. Plusieurs châteaux-forts ont été rebâtis. Les prisonniers de guerre sont traités avec ignominie par le vainqueur. Nous nous sommes endormis. Les citoyens peuvent rendre ferme et stable le gouvernement de la République. Nous avons vu jeter un pont sur le fleuve du Rhône en mil huit cent quarante-trois. Je dormais d'un profond sommeil et le cliquetis des armes m'a éveillé. Nous avons reçu nos guerriers couverts de sang et de poussière. Nous avons logé ensemble. Notre adversaire est réduit au silence. Le fer se fait rougir au feu. Ne vous mettez pas en colère. Tobie était aveugle. Nous nous sommes piqués d'émulation en entendant ce discours. Plusieurs villes ont été fortifiées. Les captifs ont été condamnés à mort. Les jeunes filles sont couronnées de fleurs.

EXERCICES GRECS.

92. Οἱ Σαρδῷοι τοὺς ἤδη γεγηρακότας, τῶν πατέρων ῥοπάλοις ἀνῃροῦν.
93. Οὐ μόνος ὁ Πλοῦτος τυφλὸς, ἀλλὰ καὶ ἡ ὁδηγοῦσα αὐτὸν Τύχη.
94. Ὁ Θαλῆς λέγεται πρῶτος ἀστρολογῆσαι.
95. Πλάτων τὴν φιλοσοφίαν θανάτου μελέτην ἐκάλεσεν.
96. Ὦ παῖ, σιώπα · πολλ' ἔχει σιγὴ καλά.
97. Μὴ κακοῖς ὁμίλει · θεοὺς τίμα · τὰ σπουδαῖα μελέτα μὴ ψεύδου.
98. Γελᾷ ὁ μωρὸς κἄν τι μὴ γελοῖον ᾖ.
99. Ἀναξαγόρας πρὸς τὸν δυσφεροῦντα ὅτι ἐπὶ ξένης τελευτᾷ πανταχόθεν (de tout côté), ἔφη, ὁμοία ἐστὶν ἡ εἰς ᾅδου κατάβασις.
100. Διογένης, ἰδὼν ποτε μειράκιον ἐρυθριῶν, θάρρει, ἔφη, τοιοῦτον ἐστι τῆς ἀρετῆς τὸ χρῶμα.

Imp. E. Dézairs, à Blois.

N° 30.

ENSEIGNEMENT MUTUEL.

MÉTHODE GRECQUE.

VERBES QUI ONT UNE *CONSONNE* AVANT LA TERMINAISON Ω.

	ACTIF.			PASSIF.			MOYEN.		
	FUTUR.	AORISTE.	PARFAIT.	FUTUR.	AORISTE.	PARFAIT.	FUTUR.	AORISTE.	PARFAIT.
1er ordre, Β, Π, Φ.	ψω,	ψα,	φα,	φθησομαι,	φθην,	μμαι,	ψομαι,	ψαμην,	
2e ordre, Γ, Κ, Χ.	ξω,	ξα,	χα,	χθησομαι,	χθην,	γμαι,	ξομαι,	ξαμην,	
3e ordre, Δ, Τ, Θ.	σω,	σα,	κα,	σθησομαι,	σθην,	σμαι,	σομαι,	σαμην,	

1er ORDRE.

Ἀμείβω, *fut.* ψω, Changer.
461. Βαπτω, Plonger, Laver.
Βλάπτω, Blesser, Nuire.
Βλέπω, Voir, Regarder.
Βρέχω, Mouiller.
Δέφω, Écorcher.
Διεπω, Régir, Administrer.
Ἐγγραφω, Inscrire.
Ἐγκοπτω, Tailler, Intercepter.
Ἐγαρύπτω, Cacher, Couvrir.
Ἐλλειπω, Laisser, Omettre.
462. Ἐρεφω, Couvrir.
Ἑρπω, Ramper, Serpenter.
Ἐφαπτω, Attacher, Allumer.
Καμπτω, Courber, Plier.
Κλεπτω, Voler, Dérober.
Κοπτω, Couper, Blesser.
Κρυπτω, Cacher, Couvrir.
Κυπτω, Se courber, Se pencher.
Λάμπω, Briller.
Λείπω, Laisser, Délaisser.
463. Λέπω, Écailler, Écorcher.
Μέλπω, Chanter.
Νέφω, Être sobre, Être vigilant.
Νίπτω, Laver.
Πέμπω, Envoyer, Députer.
Ῥεπω, Pencher, Se porter vers.
Ῥιπτω, Jeter, Lancer.
Σκάπτω, Fouir, Bécher.
Σκέπω, Cacher, Voiler.
Σκώπτω, Railler, Plaisanter.
464. Στέφω, Couronner, Ceindre.
Στλιβω, Briller, Luire.
Στρέφω, Tourner, Retourner.
Συγγραφω, Écrire, Composer.
Τέρπω, Réjouir, Charmer.
Τρέπω, Tourner, Retourner.
Τρίβω, Frotter, Broyer.
Τύφω, Exhaler de la fumée, Allumer.
Ὑπαλείφω, Oindre.
Χαλέπτω, Perdre, Ruiner.
465. Χερνίπτω, Se laver les mains.

2e ORDRE.

Ἄγχω, Étrangler, Suffoquer.
Ἄγω, Conduire, Amener.
Ἀμπέχω, Revêtir, Environner.
Ἀνεῖργω, Repousser, Empêcher
Ἀνέχω, Élever, Soutenir, Retenir.
Ἀνθυπείκω, Céder à son tour.
Ἀνοίγω, Ouvrir.
Ἀνωγω, *fut.* ωξω, Ordonner, Exhorter.
Ἄρχω, Commencer, Commander.
466. Ἀφέλκω, Tirer, Détourner.
Βαρύστεναχω, Gémir profondément.
Βρέχω, Mouiller, Faire pleuvoir.
Βρυχω, Grincer les dents.
Δέρκω, Voir, Regarder.
Διδάσκω, Enseigner.
Διεκφεύγω, S'évader.
Διέχω, Pénétrer, Passer à travers.
Δίκω, Jeter, Abattre.
Διώκω, Chasser, Poursuivre.
467. Εἴκω, Être semblable, Sembler.
Εἵργω, Repousser, Écarter, Interdire.
Εἵργω, Emprisonner.
Εἰσάγω, Introduire, Conduire.
Ἐλεγχω, Démontrer, Prouver.
Ερεύγω, Se précipiter dans la mer
Ἔχω, Avoir, Posséder.
Ἥκω, Venir, S'approcher, Appartenir.
Θήγω, Aiguiser.
Θνήσκω, *fut.* 1. Moy. θνηξομαι, Périr, Mourir.
468. Ἰαχω, Crier, Résonner.
Κεκράγω. Crier.
Κλαγγω, Faire un bruit éclatant.
Λέγω, Cueillir, Dire.
Λήγω, Cesser, Faire cesser.
Νηχω, Nager.
Ὀλεχω, Perdre, Tuer.
Ὀρεγω, Tendre, Allonger.
Πλεκω, Plier, Nouer.
Πνίγω, Étouffer, Suffoquer.
469. Ῥεγχω, Ronfler.
Στέγω, Couvrir, Cacher.
Στεργω, Aimer, Affectionner.
Σφιγγω, Presser, Embrasser.
Ψέγω, Blâmer, Censurer.
Ψύχω, Refroidir, Souffler.
Ψώχω, Broyer.

3e ORDRE.

Ἄδω, *fut.* ασω, Chanter, Célébrer.
Αἴθω, *fut.* αισω, Brûler, Enflammer.
Ἀληθω, *fut.* αλησω, Moudre.
470. Βρίθω, Être pesant.
Δείδω, Craindre.
Ἐρεθω, Irriter, Provoquer.
Ἐρειδω, Appuyer, Soutenir.
Ἤθω, Filtrer.
Κεύθω, Cacher.
Λήθω, Céler, Oublier.
Μινύθω, Diminuer, Affaiblir.
Νηθω, Filer.
Πείθω, Persuader.
471. Πλήθω, Emplir, Remplir.
Πρήθω, Enflammer.
Σπένδω, *fut.* σπεισω Faire des libations.
Σπευδω, Se hâter.
Τένδω, Manger, Ronger.
Ψευδω, Tromper, Frustrer.

EXERCICES SUR LES VERBES PRÉCÉDENTS.

La servante allumera les lampes. Les livres ont été rongés par les rats et les souris. Les philosophes les plus remarquables sont morts. Le renard a étranglé tous les poulets de la basse-cour. Nous nous sommes persuadé que (ὅτι) la vie humaine est remplie de maux. Toutes les marchandises de ce navire ont été précipitées dans la mer, le capitaine et douze matelots seuls ont été sauvés. Nous enseignons la grammaire à nos élèves (2 *acc.*), pensant qu'ils profiteront de nos avis. Les anciens ont toujours fait des libations au dieu Jupiter. Les navigateurs ont pu heureusement jeter l'ancre et aborder au rivage. Les solitaires sont sobres. Nos troupes n'ont pas encore pénétré dans la ville, et déjà elles se sont couvertes de gloire.

EXERCICES GRECS.

101. Νικίας οὕτως ἦν φιλόπονος, ὥστε πολλάκις ἐρωτᾷν τους οἰκέτας, εἰ ἠρίστηκεν.

102. Ὀδυσσευς τὸν Κύκλωπα μεθύσαντα ἐξετύφλωσεν.

103. Κλεανθης διεβοήθη επὶ φιλοπονίᾳ· πενης γάρ ὢν, νύκτωρ μὲν ἐν τοῖς κήποις ἤντλει, μεθ' ἡμεραν δέ ἐν τοις λόγοις εγυμνάζετο.

104. Παρ' Ἰνδοῖς ὁ τεχνίτου πηρώσας χειρα ἢ ὀφθαλμὸν, θανατῳ ζημιοῦται.

105. Οἱ καλῶς αγωνισαμενοι των Λακεδαιμονίων καὶ αποθανόντες, θαλλοῖς ανεδοῦντο.

106. Οἱ Ταραντῖνοι ἐβουλεύοντο ποιεῖσθαι Πύῤῥον ἡγεμόνα, καί καλεῖν ἐπί τον πόλεμον.

Imp. E. Dézairs, à Blois.

N° 31.

ENSEIGNEMENT MUTUEL.

MÉTHODE GRECQUE.

VERBES QUI ONT UN Z ou ΣΣ AVANT LA TERMINAISON.

Ἁγιαζω, *fut.* ασω, Sanctifier, Consumer.
Ἁγνίζω, *fut.* ισω, Purifier, Faire brûler.
Ἀγοραζω, *fut.* ασω, Fréquenter la place publique, Acheter.
Ἅζω, Révérer, Vénérer.
472. Ἀθερίζω, *fut.* ισω, Ne pas moissonner, Dédaigner, Mépriser.
Ἀθροίζω, Assembler.
Αἱμασσω, *fut.* αξω, Ensanglanter.
Αἱρετίζω, *fut.* ισω, Prendre par choix, Choisir.
Αἰχμαλωτίζω, Emmener en captivité.
Ἀκμαζω, *fut.* ασω, Être dans la fleur de l'âge.
Ἀκοντίζω, *fut.* ισω, Lancer un javelot.
Ἀλαλάζω, *fut.* αξω, Pousser des cris de joie ou de douleur.
Ἀλεγίζω, *fut.* ισω, S'inquiéter, Tenir compte.
473. Ἁλίζω, Saler, Ramasser.
Ἀλλασσω, *fut.* αξω, Changer, Échanger.
Ἀμύσσω, *fut.* υξω, Écorcher, Déchirer.
Ἀνετάζω, *fut.* ασω, Examiner, Faire subir la question.
Ἀνολολύζω, Pousser des cris, Se lamenter.
Ἀνορύσσω, *fut.* υξω, Déterrer.
Ἁρμόζω, Convenir, Adopter.
Ἁρπαζω, Enlever, Ravir.
Ἀρχαιρεσιάζω, Aller aux comices, Briguer une charge.
Ἀσφαλίζω, Affermir, Fortifier.
474. Ἀτενίζω, Regarder fixement.
Ἀτιμάζω, *fut.* ασω, Ne pas honorer, Outrager.
Αὐτοσχεδιάζω, Agir sans préparation.
Ἀφανίζω, Faire disparaître, Défigurer.
Ἀφορίζω, Borner, Limiter.
Ἀφρίζω, Jeter de l'écume.
Ἀφυσσω, Puiser, Retirer.
Βαδίζω, Aller, Marcher.
Βαπτιζω, Plonger dans l'eau, Baptiser.
Βαρβαρίζω, Imiter les barbares.
475. Βασανιζω, Éprouver, Tourmenter.
Βαστάζω, Porter, Supporter.
Βήττω, *fut.* ηξω, Tousser.
Βιάζω, *fut.* ασω, Forcer, Violer.
Βολίζω, Sonder.
Γαμιζω, Donner une fille en mariage.
Γεμίζω, Remplir.
Γνωρίζω, Connaître, Faire connaître.
Γογγύζω, Murmurer.
Γυμναζω, S'exercer à ou exercer quelqu'un.
476. Δανειζω, Prêter à usure.
Διερετίζω, Irriter, Exciter.
Δικαζω, *fut.* ασω, Rendre la justice.
Διορίζω, Borner, Limiter.
Διορυσσω, *fut.* υξω, Creuser, Percer.
Δισταζω, *fut.* αξω, Douter, Balancer.
Διϋλιζω, Épurer.
Διυπνιζω, Éveiller, Réveiller.
Διχάζω, Séparer, Diviser en deux.
Δοκάζω, Observer, Attendre.
477. Δοκιμαζω, Éprouver, Estimer.
Δοξαζω, Célébrer, Glorifier.
Ἐγγίζω, *fut.* ισω, S'approcher.
Ἐγγυαλιζω, *fut.* ίξω, Remettre, Livrer entre les mains.
Ἐγχαρασσω, Graver, Imprimer.
Ἐγκωμιάζω, Louer.
Ἐγχειρίζω, Mettre entre les mains, Livrer.
Ἐγχρονίζω, S'invétérer.
Ἐδαφίζω, Raser, Renverser.
Ἑδραζω, Placer, Affermir.
478. Ἐθίζω, Accoutumer.
Εἰκαζω, Assimiler, Comparer.
Ἑλελίζω, Faire tourner avec rapidité.
Ἐλπίζω, Espérer, Mettre sa confiance.
Ἐρεθίζω, Irriter, Provoquer.
Ἐρεσσω, Ramer, Mouvoir.
Ἐρίζω, Disputer, Débattre.
Ἑτοιμάζω, Préparer, Tenir prêt.
Εὐαγγελίζω, Annoncer une bonne nouvelle.
Εὐδαιμονιζω, Croire quelqu'un heureux.
479. Εὐτρεπίζω, Préparer, Appareiller.
Ἐφοδιάζω, Préparer.
Ἡσυχαζω, Demeurer en repos.
Θαυμάζω, Regarder avec admiration.
Θερίζω, Moissonner.
Θηλάζω, Allaiter.
Θησαυρίζω, Thésauriser.
Θωρησσω, Cuirasser, Armer.
Ἱματίζω, Habiller, Vêtir.
Καθαρίζω, Purifier, Guérir.
480. Καθίζω, Faire asseoir, Placer.
Καθοπλιζω, Armer.
Καθυβρίζω, Insulter, Déshonorer.
Κακίζω, Blâmer.
Κηρύσσω, Publier, Crier.
Κιθαρίζω, Jouer de la harpe.
Κληΐζω, Raconter, Nommer, Appeler.
Κλυζω, Laver, Nettoyer.
Κοκκύζω, Chanter comme le coq.
Κολαζω, Punir, Châtier.
481. Κομιζω, Recevoir, Emporter.
Κομπαζω, Faire grand bruit, Se vanter.
Κουφιζω, Décharger, Être léger.
Κραζω, Croasser, Crier.
Κραυγαζω, Pousser des clameurs.
Κτίζω, Fonder, Bâtir.
Λακτίζω, Fouler aux pieds.
Λιάζω, Agiter, Troubler.
Λιθάζω, Lapider, Lancer.
Λιμώττω, Avoir faim.
482. Μακαρίζω, Dire heureux.
Μαλακίζω, Amollir.
Μαλάσσω, Adoucir.
Μασσω, *fut.* αξω, Pétrir, Essuyer.
Μεθαρμόζω, Adapter, Ajuster.
Μελίζω, Chanter mélodieusement.
Μερίζω, Partager, Diviser.
Μερμερίζω, Penser sérieusement.
Μυρίζω, Parfumer.
Νομίζω, Établir par une loi, Instituer.
483. Νοσφίζω, Séparer, Dérober.
Νοτίζω, Humecter.
Νύσσω, Piquer, Pousser.
Ξενίζω, Donner l'hospitalité.
Ὄζω, Sentir.
Οἰκιζω, Bâtir, Construire.
Οἰμωζω, Gémir, Se lamenter.
Ὀκλάζω, Se mettre à genoux.
Ὀλολύζω, Hurler, Se lamenter.
Ὁμοιάζω, Ressembler.
484. Ὀνειδίζω, Outrager, Insulter, Reprocher.
Ὀνειρώσσω, Rêver.
Ὀνομαζω, Nommer, Appeler.
Ὁπλίζω, Armer, Préparer.
Ὀργιάζω, Célébrer.
Ὀργίζω, Mettre en colère, Irriter.
Ὁρίζω, Terminer, Borner.
Ὁρκίζω, Faire jurer.
Ὀρυσσω, Fouir, Creuser.
Παίζω, Jouer.
485. Πατάσσω, *fut.* αξω, Palpiter.
Πειράζω, Tenter, Essayer.
Πελαζω, Approcher.
Πελεκίζω, Frapper de la hache.
Πιέζω, Resserrer, Presser.
Πλασσω, *fut.* ασω, Former, Inventer.
Πλησιάζω, Fréquenter.
Πλησσω, Frapper, Battre.
Πολεμίζω, Combattre.
Πορίζω, Frayer le chemin.
486. Ποτίζω, Donner à boire.
Πρασσω, *fut.* αξω, Faire, Agir.
Προχειρίζω, Exposer, Mettre sous les yeux de tout le monde.
Πτυσσω, *fut.* υξω, Plier, Replier.
Πτωσσω, Être saisi de frayeur.
Πυρέσσω, Avoir la fièvre.
Πυράζω, Être rouge comme le feu.
Ῥαβδίζω, Battre de verges.
Ῥαΐζω, Revenir en santé.
Ῥαπίζω, Souffleter, Frapper.
487. Ῥαχίζω, Disséquer.
Ῥέζω, Offrir un sacrifice.
Ῥησσω, Rompre, Frapper avec force.

EXERCICES SUR LES VERBES PRÉCÉDENTS.

Vous lanciez des javelots. Devant pousser des cris de joie. Que nous nous soyons lamentés. Nous avions pensé sérieusement. Que nous eussions livré nos soldats entre les mains des ennemis. Nous avons été insultés. Vous chantez mélodieusement. Nous sommes revenus en santé. Les ouvrages ont été mis sous les yeux de tout le monde. Vous vous êtes mis en colère. Le corbeau croasse. Nous avons marché. Nous vous frayerons le chemin. Les esclaves ont été frappés de la hache. Nous vous annonçons une bonne nouvelle. David jouait de la harpe. On faisait subir la question aux coupables. Nous supporterons avec peine les fatigues de la guerre. Les barbares poussaient des clameurs en combattant.

EXERCICES GRECS.

107. Προσήκει τοῖς ἀθληταῖς τὸ σῶμα ἀεὶ γυμνάζειν.
108. Ὅστις μὴ κολαζει τὰ πάθη, αυτος ὑπ' αὐτων κολάζεται.
109. Τὰ Τέμπη χῶρός ἐστι κείμενος μεταξὺ τοῦ Ὀλύμπου καὶ τῆς Ὄσσης.
110. Ἀλέξανδρος, ὅτε ἐνίκησε Δαρεῖον, ἀπέστειλε τοῖς Ἕλλησι θεον αὐτον ψηφίσασθαι.
111. Τίς λοιμὸς ἢ σεισμὸς τοσαύτας πόλεις ἐκένωσεν, ἢ τοσαῦτα γένη ἀνθρώπων ἠφάνισεν ἢ κατέδυσεν, ὅσα ἡ τῶν τυράννων φιλοτιμία.
112. Ὁ Ξέρξης τῷ στρατοπέδῳ ἐπέλευσε μὲν διὰ τῆς ἠπείρου, ἐπέζευσε δὲ διὰ τῆς θαλάσσης, τὸν μὲν Ἑλλήσποντον ζεύξας, τὸν δὲ Ἄθω διορύξας.
113. Ὁ Ἴκαρος, ὁ τοῦ Δαιδάλου υἱὸς, τακέντος αὐτῷ τοῦ κηροῦ, καί των πτερῶν περρυέντων, εἰς τὸ πέλαγος ἐνέπιπτε.

Imp. E. Dézairs, à Blois.

N° 32.

ENSEIGNEMENT MUTUEL.

MÉTHODE GRECQUE.

VERBES QUI ONT UN Z ou ΣΣ AVANT LA TERMINAISON.

Σαλπίζω, Sonner de la trompette.
Συνιάζω, Cribler.
Σκανδαλίζω, Faire tomber dans le piége, Scandaliser.
Σκορδαμίσσω, Faire signe de l'œil.
Σκευάζω, Préparer, Construire.
Σκορπίζω, Disperser, Dissiper.
Σκοτίζω, Obscurcir.
488. Σοφίζω, Rendre sage.
Σπαράσσω, Déchirer, Lacérer.
Σπουδάζω, S'empêcher.
Στατάζω, Être en sédition.
Στενάζω, Gémir, Soupirer.
Στηρίζω, Fixer, Affermir.
Στυγνάζω, Être attristé.
Στυφελίζω, *fut.* ιξω, Traiter durement.
Σφάττω, *fut.* άξω, Immoler, Tuer.
Σφαγίζω, Cacher.
489. Σχλετλιάζω, Se plaindre.
Σχηματίζω, Former, Figurer.
Σχίζω, Fendre, Scier.
Σχολάζω, Se reposer.
Σώζω, Conserver, Guérir.
Χειμάζω, Hiverner, Passer l'hiver.
Χλευάζω, Railler, Insulter.
Χορτάζω, Faire paître, Rassasier.
Χρεμετίζω, Hennir.
Χρηζω, Avoir besoin, Désirer.
490. Χρηματίζω, Vaquer aux affaires.
Χρονίζω, Vieillir.
Χωρίζω, Diviser, Discerner.
Ψαλίζω, Couper, Rogner.
Ψελλίζω, Balbutier, Bégayer.
Ψηφίζω, Calculer, Décréter.
Ψιθυρίζω, Murmurer, Frémir.
Ὀρίζω, S'entretenir familièrement.

VERBES en λω, μω, νω, ρω.

Ἀγάλλω, Parer, Orner.
Ἀγγέλλω, Annoncer.
491. Ἀγείρω, Assembler, Errer comme un mendiant.
Ἀείρω, Oter, Élever.
Αἴρω, Lever, Mettre en haut.
Αισχύνω, Faire rougir, Déshonorer.
Ἀμβλύνω, Affaiblir, Émousser.
Ἀμύνω, Secourir, Venger.
Ἀνεγείρω, Réveiller.
Βάλλω, Jeter, Lancer, Frapper.
Βαμβαίνω, Balbutier, Bégayer.
Βασκαίνω, Fasciner, Ensorceler.
492. Βδάλλω, Suer.
Βραδύνω, S'amuser, Tarder.
Βρέμω, Battre, Menacer, Frémir.
Γέμω, Remplir.
Δέμω, Bâtir, Édifier, Construire.
Δέρω, Écorcher.
Εγείρω, Pousser, Éveiller, Exciter.
Εἴρω, Parler, Dire.
Εἰσαγείρω, Rassembler.
Ἐγκλίνω, Incliner, Pencher.
493. Ἐλαύνω, Pousser en avant, S'avancer à cheval.
Ἐναίρειν, Perdre, Dépouiller.
Ἐριδαίνω, Disputer.
Εὐθύνω, Diriger, Redresser.
Εὐφραίνω, Égayer, Être agréable.
Θείνω, Frapper.
Θέρω, Chauffer, Guérir.
Καίνω, Tuer.
Καταίρω, Purger, Nettoyer.
Κάμνω, Travailler, Être malade.
494. Καρκαίρω, Résonner, Retentir.
Κείρω, Tondre, Couper.
Κέλλω, Commander, Exhorter.
Κλίνειν, Pencher.
Κραίνειν, Régner, Perfectionner.
Κρίνω, Juger, Combattre.
Κτείνω, Tuer, Faire mourir.
Κυδαίνω, Rendre glorieux, Louer.
Κυμαίνω, S'enfler, Soulever les flots.
Κωτίλλω, Babiller.
495. Λαγχάνω, Obtenir par le sort.
Λαμβάνω, *fut.* λήψομαι, Prendre, Recevoir.
Λαμπρύνω, Briller, Rendre magnifique.
Λαχαίνω, Fouir.
Λευκαίνω, Blanchir.
Λύμαίνω, Purifier, Purger.
Μανθάνω, *fut.* μαθήσομαι, Étudier, Apprendre, Connaître.
Μαραίνω, Déparer, Flétrir.
Μαρμαίρω, Rayonner, Reluire.
Μεγαίρω, Porter envie, Haïr.
496. Μεγαλύνω, Rendre grand, Louer.
Μείρω, Partager, Diviser.
Μελεδαινω, Soigner.
Μένω, Demeurer, Attendre.
Μερμαίρω, Se bander l'esprit, Être dans l'inquiétude.
Μιαίνω, Souiller.
Μιστύλλω, Mettre en pièces.
Μολύνω, Gâter.
Μορμύρω, Murmurer.
Μύρω, Distiller, Pleurer.
497 Μωραίνω, Être fou, Extravaguer.
Νέμω, Demeurer, Distribuer.
Ξαίνω, Carder, Déchirer.
Ξηραίνω, Sécher, Dessécher.
Οξύνω, Aiguiser, Exciter.
Ὀπτάνω, Voir.
Ὁρμαίνω, Se précipiter avec fureur.
Ὄρω, Pousser, Émouvoir.
Ὀφέλλω, Augmenter, Amplifier.
Πάλλω, Agiter, Trembler.
498. Παχύνω, Rendre épais, Condenser.
Πείρω, Percer, Transpercer.
Περαίνω, Finir, Achever.
Πλατύνω, Élargir, Agrandir.
Πλυνω, Laver.
Ποιμαίνω, Faire paitre.
Πραΰνω, Adoucir, Apprivoiser.
Πταίρω, Éternuer.
Ῥαίνω, Répandre, Arroser.
Σαίρω, Balayer.
499. Σαίνω, Remuer, Agiter.
Σημαίνω, Donner le signal.
Σκαίρω, Sauter, Trépigner, Danser.
Σίνω, Nuire, Blesser.
Σκάλλω, Fouir, Labourer.
Σκέλλω, Sécher.
Σκυλλω, Troubler, Vexer.
Σθένω, Pouvoir.
Σκυδμαίνω, S'indigner.
Σκυλλω, Tourmenter, Fatiguer.
500. Σπαίρω, Trembler, Palpiter.
Σπείρω, Semer, Éparpiller.
Στελλω, Envoyer.
Σύρω, Nettoyer, Trainer.
Σφάλλω, Supplanter, Séduire.
Τείνω, Tendre, Tâcher.
Τείρω, Battre, Affliger.
Τέμνω, Couper, Briser.
Τίλλω, Piquer, Mordre.
Τρέμω, Craindre, Trembler.
501. Φαίνω, Luire, Éclairer.
Φύρω, Mêler, Pétrir.
Χαίνω, Ouvrir la bouche, Parler.
Χαίρω, Se réjouir.
Ψάλλω, Toucher du luth, Psalmodier.

EXERCICES SUR LES VERBES PRÉCÉDENTS.

La populace était en sédition. Les malades se plaignent. Nous reposerons sous les arbres du jardin. Nous nous sommes entretenus familièrement. Les chevaux hennissaient. Les troupes passeront l'hiver sous les tentes. Les législateurs ont décrété que ceux qui erreraient comme des mendiants seraient jetés dans les prisons de l'État. La tempête a soulevé les flots et a submergé les pilotes et les passagers. Épaminondas, ayant vu une grande et belle armée qui n'avait pas de général : Quelle énorme bête, dit-il; mais elle n'a point de tête. Il faut éviter l'amitié des méchants et la haine des bons. L'espérance est le rêve de l'homme éveillé. Lucullus, le général romain, celui qui vainquit Mithridate et Tigrane, importa le premier le cerisier en Italie. Philémon, le comique, composa quatre-vingt-dix-sept pièces, et vécut quatre-vingt-dix-neuf ans. Hannon, l'ancien, transporta d'Afrique en Sicile une grande armée, cinquante mille fantassins, six mille cavaliers et soixante éléphants. Pythagore, dit-on, recommande à ses disciples de respecter les vieillards, de ne point jurer par les dieux, de ne rien faire en colère, de déclarer la guerre au désordre. Manger beaucoup détruit le jugement, rend l'esprit plus lent, et remplit de colère et de dureté. Un bon pilote fait quelquefois naufrage, un homme de bien est aussi quelquefois malheureux. Dans la guerre de Péloponèse, un seul homme, Périclès, redressait la République, la relevait, et résistait à la peste et à la guerre. L'ombre suit nécessairement ceux qui marchent au soleil, l'envie accompagne ceux qui s'avancent sous l'éclat de la gloire. La vie renferme en elle-même beaucoup de peines.

EXERCICES GRECS.

114. Γνῶθι σαυτον· μὴ πολλὰ λάλει· τὸν τετελευτηκότα μακάριζε· τοὺς πρεσβυτέρους σέβου· ἡ γλῶσσα σου μὴ προτρεχέτω τοῦ νοῦ· θυμοῦ κράτει· αδικούμενους διαλλάσσου.

115. Ἀγάπα τὸν πλησίον· νομῳ πειθου· θεοὺς σεβου· γονεῖς αἰδοῦ· ἄρκε σεαυτοῦ· πρόνοιαν τίμα· κακίας ἀπέχου· χρόνου φείδου· ἔρα το μελλον· σοφοῖς χρῶ.

116. Λαβὼν απόδος· τὸ συμφέρον θηρῶ· ἐπὶ ῥώμης μη καυχῶ· κακοις μὴ προσομιλει ἀνδράσιν, αλλ'αεί τῶν αγαθων ἔχου· θεοὺς δείδιθι· ἐπίορκον μη επόμνυθι.

117. Ὁ μεν ληστὴς οὗτος ἐς τὸν Πυριφλεγεθοντα ἐμβεβλήσθω· ὁ δὲ ἱερόσυλος ὑπὸ της Χιμαίρας διασπασθήτω. ὁ δε τύραννος ὑπὸ τῶν γυπῶν κειρέσθω τό ἧπαρ· ὑμεῖς δὲ οἱ αγαθοὶ, ἄπιτε ἐς τὸ Ηλυσιον πεδιον καὶ τὰς μακάρων νήσους κατοικεῖτε, ἀνθ'ὧν δίκαια ἐποιεῖτε κατὰ τὸν βίον.

Imp. E. Dézairs, à Blois.

N° 33.

ENSEIGNEMENT MUTUEL.

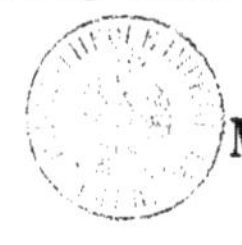

MÉTHODE GRECQUE.

VERBES en MI. (Voir Burnouf, § 128.)

Ἄγνυμι, *fut.* αξω, Briser.
Ἀμφιέννυμι, *fut.* εσω, Revêtir, Vêtir.
Ἄνειμι, Retourner, Monter.
Ἀνθίστημι, Opposer une chose à une autre, Résister.
Ἀνίημι, *fut.* ησω, Pousser en haut.
502. Ἀνίπτημι, S'envoler.
Ἀνίστημι, Faire lever, Ériger.
Ἀφίημι, Lâcher, Laisser aller.
Ἀφίστημι, Éloigner, Détacher.
Διαζώννυμι, Ceindre.
Δίδωμι, Donner.
Διέξειμι, Traverser, Discourir, Raconter.
Διίημι, Faire passer, Transmettre.
Διίστημι, Séparer, Être distant.
Δύμι, Revêtir, Se coucher.
503. Ζεύγνυμι, Atteler, Accoupler.
Ζώννυμι, Ceindre.
Ἴσημι, Savoir.
Ἵστημι, Poser, Établir, Mettre.
Καθείργνυμι, Enfermer, Emprisonner.
Καθίημι, Descendre en volant.
Καθίστημι, Établir, Constituer.
Καθυφίημι, Jeter dessous.
Κεράννυμι, Mêler, Tempérer.
Κιρνήμι, Mélanger.
504. Μεθίημι, Laisser aller, Lâcher.
Μεθίστημι, Changer, Transférer.
Μίγνυμι, Mélanger.
Ὄλλυμι, Perdre, Faire périr.
Ὄμνυμι, Jurer, Prêter serment.
Ὄνημι, Aider, Servir.
Παρέξειμι, Passer outre.
Παρίστημι, Exposer à la vue.
Πήγνυμι, Composer, Construire.
Πίμπλημι, Emplir, Remplir.
505. Πίμπρημι, Brûler, Enflammer.
Προδίδωμι, Livrer, Trahir.
Πρόειμι, Être devant, S'avancer.
Προσίημι, Admettre, Recevoir.
Προστίθημι, Ajouter.
Ῥήγνυμι, Briser, Déchirer.
Ῥώννυμι, Fortifier, Affermir.
Σβέννυμι, Éteindre.
Σκεδάννυμι, Disperser.
Στρώννυμι, Étendre des tapis.

VERBES MOYENS ou PASSIFS, qui ont la signification ACTIVE ou NEUTRE, etc.

506. Ἀγάζομαι, *fut.* ασομαι, Admirer, Respecter.
Ἄγαμαι, Admirer, S'indigner contre, Porter envie.
Ἀγοράομαι, Délibérer, Haranguer.
Ἄγομαι, Se marier.
Ἀγωνίζομαι, Combattre, Plaider une cause.
Ἄδεομαι, Respecter, Craindre.
Αἰσθάνομαι, Comprendre, Sentir.
Αἰτιάομαι, Accuser, Faire des reproches.
Ἀκροάομαι, Entendre, Écouter.
Ἀκροβολίζομαι, Escarmoucher.
507. Ἀλαζονεύομαι, Faire le fanfaron, Se vanter.
Ἅλλομαι, Bondir, S'élancer.
Ἁμιλλάομαι, Rivaliser.
Ἀνέρχομαι, *fut.* ἀνελευσομαι, Monter.
Ἀράομαι, Prier, Faire des imprécations.
Ἀργυρίζομαι, Brocanter.
Ἀρνέομαι, Refuser, Nier.
Ἄρνυμαι, Prendre, Obtenir.
Ἀσπάζομαι, Embrasser, Saluer.
Ἀσφαλίζομαι, Confirmer, Affirmer.
508. Αὐλίζομαι, Loger.
Ἀφηγέομαι, Marcher à la tête, Conduire.
Ἀφικνέομαι, Arriver, Partir.
Ἀφίπταμαι, S'envoler.
Ἄχθομαι, S'indigner.
Ἄχνυμαι, Être affligé, Supporter avec peine.
Βρενθύομαι, Être arrogant.
Γείνομαι, Donner le jour, Engendrer.
Γεύομαι, Goûter, Tâter.
Γλίχομαι, Désirer, Convoiter.
509. Γουνάζομαι, Embrasser les genoux.
Δαίζομαι, Partager.
Δαιμονίζομαι, Être possédé du démon.
Δανείζομαι, Emprunter.
Δεξιάομαι, Donner la main à quelqu'un.
Δέομαι, Avoir besoin, Prier, Demander.
Διενθυμέομαι, Continuer à rouler dans son esprit, Penser.
Διεξέρχομαι, Passer à travers.
Διεργάζομαι, Travailler, Cultiver.
Διηγέομαι, Raconter.
510. Διισχυρίζομαι, Assurer, Affirmer.
Δύναμαι, Pouvoir, Valoir.
Δυσθυμέομαι, Être mal disposé.
Ἔγκειμαι, Presser, Poursuivre, Fondre sur.
Ἐγχρέμπτομαι, Cracher.
Ἕζομαι, *fut.* ἑδουμαι, S'asseoir, Être assis.
Ἐργάζομαι, Travailler.
Ἔρομαι, Interroger, Questionner.
Ἔρχομαι, Venir, Aller.
Εὐλαβοῦμαι, Craindre, Prendre des précautions.
511. Ἐφάλλομαι, Sauter sur.
Ἐφικνέομαι, Poursuivre, Atteindre.
Ἡγέομαι, Marcher devant, Conduire.
Ἡττάομαι, Être inférieur, Succomber.
Θεάομαι, Regarder, Voir.
Ἰάομαι, Guérir, Remédier.
Ἱκνέομαι, Venir, S'emparer.
Ἱλάομαι, Rendre propice, Apaiser.
Ἱππάζομαι, Aller à cheval.
Ἵπταμαι, Voler, S'envoler.
512. Ἰσχυρίζομαι, User de toutes ses forces.
Καθάλλομαι, Sauter de haut en bas.
Καθέζομαι, Être assis, S'asseoir.
Καθικνέομαι, Toucher, Atteindre.
Κεῖμαι, Être gisant, Être couché.
Κήδομαι, S'affliger.
Κοινολογέομαι, S'entretenir avec quelqu'un.
Κτάομαι, Acquérir, posséder.
Ληΐζομαι, Piller, Emporter du butin.
Λίσσομαι, Supplier.
513. Λογίζομαι, Calculer, Compter.
Μαίνομαι, Délirer, Être en fureur.
Μαντεύομαι, Prédire, Prophétiser.
Μάρναμαι, Combattre.
Μαρτύρομαι, Appeler en témoignage.
Μειρακιεύομαι, Agir en jeune homme.
Μέμφομαι, Se plaindre.
Μιμέομαι, Imiter, Contrefaire.
Μυκάομαι, Mugir.
Μυσάττομαι, Détester.
514. Ξυλεύομαι, Aller chercher du bois.
Ὀδύρομαι, Gémir, Pleurer.
Ὄθομαι, Avoir soin, Avoir égard.
Οἴομαι, Croire, Penser.
Οἰωνίζομαι, Augurer, Deviner.
Ὄπτομαι, Voir.
Ὀρχέομαι, Danser, Trépigner de joie.
Παλιμπλάζομαι, Errer çà et là.
Πορεύομαι, Partir, S'en aller.
Πραγματεύομαι, Trafiquer.
515. Πρίαμαι, Acheter.
Πυνθάνομαι, Entendre dire, Apprendre.
Ῥώννυμαι, Être fortifié, Se restaurer.
Ῥώομαι, Être agité, Se remuer fortement.
Σέβομαι, Révérer, Adorer.
Σεληνιάζομαι, Être lunatique.
Σκέπτομαι, *fut.* εψομαι, Considérer, Considérer attentivement.
Σπλαγχνίζομαι, Être ému de compassion.
Στοχάζομαι, Viser.
Φέβομαι, Craindre.
516. Χαρίζομαι, Faire plaisir, Rendre service.
Ὠνέομαι, Acheter.

EXERCICES.

Les anciens mettaient aux morts une obole dans la bouche. Il est plus facile de faire un méchant d'un bon, qu'un bon d'un méchant. J'admire et je juge très sage Lycurgue qui donna des lois aux Lacédémoniens. Les hommes n'ont pas laissé l'air libre aux oiseaux, leur dressant des piéges et des filets. Homère attribue aux dieux une manière de vivre simple. La nature nous a donné des larmes pour consolation dans les malheurs. Un chevreau qui se tenait sur une maison ayant vu passer un loup, l'insultait et le raillait; mais celui-ci lui dit : Mon cher, ce n'est pas toi qui m'insultes, mais c'est le lieu où tu es. Le langage de la vérité est simple de sa nature. Athènes la première se donna des lois et s'établit un gouvernement. La vertu, quoique l'on soit mort, ne périt point. Le vin est très utile en médecine; car souvent il est mêlé aux potions médicinales.

EXERCICES GRECS.

118. Ὀδυσσεὺς τὸν Κύκλωπα μεθύσαντα ἐξετύφλωσεν.
119. Ζεὺς πάντα τίθεσιν ὅπη θέλει.
120. Ὅμηρος τὸν οἶνον απογυιοῦν λέγει.
121. Νεὼς ἐν Ῥώμῃ δείκνυται, εν ᾧ αἱ εἰκόνες τῶν τρωΐκων θεῶν κεῖνται.
122. Ταῖς Μούσαις λεγουσι παρὰ Διὸς τὴν γραμματων εὕρεσιν δοθῆναι.
123. Πυθαγόρας ἔλεγε δύο ταῦτα ἐκ τῶν θεῶν τοῖς ἀνθρωποις δεδόσθαι καλλιστα, τό τε ἀληθεύειν, καὶ τὸ εὐεργετεῖν.
124. Μέγα κακὸν τὸ μὴ δύνασθαι φέρειν κακον.
125. Ξενοφῶντι θύοντι ἧκέ τις ἐκ Μαντινείας ἄγγελος, λέγων τὸν υἱὸν αὐτοῦ τεθνάναι· κἀκεῖνος ἀπεθέτο μεν τον στέφανον, διετέλει δὲ θύων· ἐπεὶ δὲ ὁ ἄγγελος προςέθηκε καὶ ἐκεῖνο, ὅτι νικῶν τέθνηκε, πάλιν ὁ Ξενοφῶν ἐπέθετο τὸν στέφανον.
126. Προμηθεὺς τὸ πῦρ τοῖς ἀνθρώποις ἔδωκεν.

ΤΕΛΟΣ.

Imp. E. Dézairs, à Blois.

www.ingramcontent.com/pod-product-compliance
Ingram Content Group UK Ltd.
Pitfield, Milton Keynes, MK11 3LW, UK
UKHW020421230726
13925UKWH00004B/1554